TIAGO REIS & JEAN TOSETTO

Guia Suno Dividendos

A estratégia para investir
na geração de renda passiva

SUMÁRIO

A missão da Suno Research [6]

I – Introdução ao conceito dos dividendos [8]
O que é dividendo? [8]
JCP – Juros sobre Capital Próprio [9]
Política de dividendos [10]
Indicadores importantes [11]
Datas importantes [13]
O poder dos juros compostos [15]
Renda fixa *versus* dividendos [17]
A carteira previdenciária [19]

II – Leitura de Balanço [22]
Balanço Patrimonial [23]
Formato de um Balanço Patrimonial [24]
Demonstração de Resultado do Exercício – DRE [25]
Formato de uma DRE [25]
Demonstração de Fluxo de Caixa – DFC [26]
Formato de uma DFC [27]
Exemplo: *Food Truck* de *Hot Dog* [28]
Balanço Patrimonial do *Food Truck* [29]
Demonstração de Resultado do Exercício
(DRE) do *Food Truck* [30]
Demonstração de Fluxo de Caixa (DFC) do *Food Truck* [32]

III – A qualidade do dividendo [34]

Dividendo *versus* o lucro [35]
Como identificar o *payout ratio* [36]
Dividendo *versus* o fluxo de caixa [40]
Lucros não realizados [41]
Receita crescente [42]
Ambiente competitivo [43]
Concorrência *in natura* [44]
As cinco classes de vantagens competitivas [45]
Questões cíclicas [46]

IV – Mitos [49]

Dividendos não crescem? [50]
Programa de fidelidade [52]
A número 1 [54]
Ações de dividendos não valorizam? [55]
Dividendos são como renda fixa? [56]
Quanto maior o dividendo, melhor? [58]
Fundo perdido [60]
Dividendos não mentem? [62]
Maior o risco, maior o retorno? [62]

V – O método Bazin [64]

Os agentes do mercado [65]
Ciclos de mercado [67]
Selecionando ações [68]
Ferramenta útil para pesquisa de dados [69]

VI – O método Barsi [72]

Ações garantem o futuro [73]
Ensinamentos de Luiz Barsi [74]

Diversificação	[76]
Regras fundamentais	[79]
Como selecionar ações	[80]
O investidor parceiro	[82]
A boca do jacaré	[82]

VII – Diversificação [84]

Quantos ativos uma carteira balanceada deve ter?	[85]
Benjamin Graham e seus discípulos	[86]
O mito da diversificação com 15 ações	[86]
A diversificação pelo Modelo de Yale	[87]
O método adotado por Barsi	[88]
Fundos Imobiliários	[88]
O mercado de FIIs no Brasil	[89]
FII Shopping Higienópolis – SHPH11	[90]
FII Almirante Barroso – FAMB11	[91]
Ações estrangeiras ou BDRs	[92]

VIII – Indo além deste livro [94]

Ferramentas gratuitas	[95]
Fundamentus	[95]
Twitter	[98]
Plantão de Empresas da BOVESPA / B3	[99]
Google Alert	[100]
Network – rede de relacionamentos	[100]
Livros recomendados	[103]
Relações com Investidores – RI	[105]
Dividir para multiplicar	[106]

Glossário [107]

A MISSÃO DA SUNO RESEARCH

A cada geração, uma parte da humanidade se compromete a deixar o mundo um lugar melhor do que encontrou. Esse contingente populacional acredita que, para tanto, é preciso investir em inovações.

Foram as inovações promovidas pela humanidade, ora confundidas com descobertas, ora confundidas com invenções, que nos tiraram da Idade da Pedra e nos colocaram no olho do furacão da Era Digital.

Nos últimos séculos, quase todas as inovações científicas e tecnológicas foram difundidas pelas instituições empresariais, sejam elas privadas ou públicas, sejam elas visando lucros ou não.

Grande parte das empresas que promoveram inovações recorreu ao mercado de capitais para obter financiamentos para os seus projetos. Essa premissa continua válida.

Os países onde os mercados de capitais são mais desenvolvidos concentram também as empresas mais inovadoras do planeta. Nos Estados Unidos, milhões de pessoas investem suas economias nas Bolsas de Valores.

Grande parte dos norte-americanos obtém a independência financeira, ou o planejamento da aposentadoria, associando-se com grandes empresas que movimentam a economia global.

São bombeiros, advogados, professoras, dentistas, zeladores, ou seja, profissionais dos mais variados tipos que se convertem em investidores, atraindo empreendedores de várias origens, que encontram dificuldades de empreender em sua terra natal.

No Brasil, o mercado de capitais ainda é muito pequeno perto de sua capacidade plena. Menos de meio por cento da população brasileira economicamente ativa investe através da Bolsa de Valores de São Paulo.

A missão da Suno Research é justamente promover a educação financeira de milhares de pequenos e médios investidores em potencial.

Como casa independente de pesquisas em investimentos de renda variável, a Suno quer demonstrar que os brasileiros podem se libertar do sistema público de previdência, fazendo investimentos inteligentes no mercado financeiro.

O brasileiro também pode financiar a inovação, gerando divisas para seu país e se beneficiando dos avanços promovidos pela parceria entre investidores e empreendedores.

O investidor brasileiro em potencial ainda tem receio de operar em Bolsa. Vários são os mitos sobre o mercado de capitais, visto como um ambiente restrito aos especialistas e aos mais endinheirados.

A facilidade para realizar aplicações bancárias – embora pouco rentáveis – aliada aos conflitos de interesse de parte das corretoras de valores, que fornecem análises tendenciosas de investimento visando comissões com transações em excesso, são fatores que também distanciam muita gente do mercado financeiro nacional.

Como agravante, a Suno tem em seu segmento de atuação empresas que fazem um jogo publicitário pesado, oferecendo promessas de enriquecimento que não se comprovam na realidade. Não existe enriquecimento rápido, mas tal possibilidade ocorre no longo prazo.

Através de seus artigos, análises de empresas e fundos imobiliários, vídeos, cursos – e agora também livros –, a Suno vem para iluminar a relação do brasileiro com o mercado de capitais, que, se não tem a solução para todos os problemas, é parte do esforço da humanidade para deixar este mundo melhor, por meio de investimentos em valores monetários, morais e éticos.

I
INTRODUÇÃO AO CONCEITO DOS DIVIDENDOS

"Você sabe qual é a única coisa que me dá prazer? É ver meus dividendos entrarem."

- John D. Rockfeller

No capitalismo, o lucro é o objetivo final e legítimo das atividades produtivas, organizadas na forma de empreendimentos. Sempre que uma empresa gera mais receita do que despesa, ela está auferindo lucro, a razão primordial de sua existência.

Empresas produtivas e lucrativas criam riquezas, cujos excedentes financiam o Estado através do pagamento de impostos, para que este possa investir no bem-estar social. Elas também geram postos de trabalho que ajudam a movimentar a economia, trazendo prosperidade não apenas para seus sócios, mas para a comunidade em geral.

As nações mais desenvolvidas do mundo são as que incentivam o fortalecimento do mercado financeiro, propiciando às empresas a possibilidade de captar recursos através das Bolsas de Valores, oferecendo aos investidores a justa remuneração por meio dos dividendos.

O que é dividendo?

Dividendo vem do verbo "dividir" e equivale a algo que pode ser fracionado. No mercado de capitais, os dividendos são, em linhas gerais, as frações dos lucros das empresas repassadas aos seus acionistas.

A grande maioria das empresas brasileiras respeita a convenção de distribuir minimamente 25% de seus lucros aos acionistas, em intervalos que podem ser mensais, bimestrais, trimestrais, quadrimestrais, semestrais ou anuais.

As exceções ficam por conta de empresas que definem outros valores em seu estatuto social. A UOL – Universo Online S. A., por exemplo, definia que apenas 1% do lucro líquido e ajustado seria repassado obrigatoriamente para seus sócios.

Se tradicionalmente o mercado de ações atrai investidores – e especuladores – interessados na valorização das cotações dos papéis, imperando o *slogan* "compre na baixa e venda na alta", os dividendos representam uma forma adicional de remuneração, especialmente para os investidores de longo prazo, que mantêm ativos em suas carteiras por períodos duradouros.

Especuladores que fazem transações de curtíssima duração, como ocorre nas negociações do tipo *Day Trade* – compra e venda de ativo no mesmo dia –, raramente se beneficiam com o recebimento de dividendos, por isto eles são mais associados aos adeptos do *Value Investing* – investimento em valor.

Como os dividendos são as frações do lucro de uma empresa aferido após os recolhimentos de impostos, eles são isentos de tributação no Brasil, dado que a legislação do país não permite a bitributação, embora nada impeça que essa medida seja revista no futuro pelos congressistas, ainda que essa possibilidade seja pequena.

JCP – Juros sobre Capital Próprio

No Brasil, as empresas também distribuem lucros para os seus acionistas na forma de JCP – Juros sobre Capital Próprio. Nesse caso, há uma tributação de 15% na data do depósito. Normalmente, os impostos são recolhidos na fonte, ou seja, o acionista não precisa efetuar o pagamento, salvo se o valor recebido for bruto: sem tributação. Quando o valor depositado para o acionista é líquido, significa que a empresa já recolheu os tributos que caberiam a ele.

O pagamento de proventos para os acionistas, na forma de JCP, é vantajoso para as empresas do ponto de vista fiscal, pois os valores podem ser considerados como despesas financeiras nos balanços, com redução do lucro tributável, refletindo na diminuição do IR – Imposto de Renda – a ser pago.

Política de dividendos

É de se esperar que empresas que abrem o seu capital para vender ações em Bolsa de Valores queiram desenvolver uma relação de transparência e confiança com os investidores. Isto nem sempre se verifica, especialmente no tratamento reservado aos acionistas minoritários.

No que tange à política de dividendos, ocorre algo semelhante: existem empresas que não possuem uma definição clara a respeito, afugentando investidores de longo prazo que valorizam a distribuição regular de dividendos, mesmo que em pequena porcentagem em relação ao lucro apurado em determinado período.

Em linhas gerais, as empresas possuem duas opções, quando conseguem operar com excedentes de caixa. Elas podem reter os lucros para reinvestir nas próprias atividades ou reduzir o endividamento de suas operações.

Se esses recursos resultarem em projetos vencedores para uma empresa, logo o seu valor intrínseco aumenta. Como o valor de mercado tende a acompanhar o crescimento da empresa no longo prazo, a retenção dos lucros é compensadora para o investidor. Porém, nem sempre isto acontece.

A alternativa para a empresa é distribuir integralmente ou parcialmente os lucros para os acionistas. Os proventos podem ocorrer na forma de dividendos ou JCP, com a possibilidade de a empresa promover a recompra de ações. São as empresas mais consolidadas – ou que operam num setor da economia que não requer reinvestimentos constantes – as que tendem a pagar mais proventos.

A melhor forma de verificar a existência de políticas claras sobre dividendos por parte das empresas que tenham um perfil que interesse ao investidor é observar o histórico de distribuição de proventos. Quanto maior o período de distribuição regular, maior a expectativa de manutenção dessa prática no futuro.

Indicadores importantes

O investidor de longo prazo, que tem como objetivo obter renda passiva por meio dos proventos oriundos dos lucros das empresas, deve considerar em suas análises alguns indicadores específicos. Dentre eles, o mais elementar – embora não deva ser considerado isoladamente – é o **Dividend Yield** (rendimento de dividendos), ou simplesmente **DY**.

O DY é a relação, expressa em porcentagem, entre o valor da cotação de uma ação e a soma dos proventos pagos por ação em determinado período. Usualmente se consideram os doze meses anteriores à data da referida cotação.

Os dados relativos à distribuição de dividendos e JCP das empresas com capital aberto em Bolsa são públicos e podem ser encontrados nos sites das próprias empresas, na seção RI – Relação com Investidores na página da B3 (antiga BOVESPA) e em portais que reúnem indicadores fundamentalistas das empresas, como o www.fundamentus.com.br.

Usaremos como exemplo as ações preferenciais da empresa do setor de energia elétrica AES Tietê, cuja cotação de TIET4 estava em R$ 2,88 em 21 de setembro de 2017. Considerando os doze meses anteriores, a empresa distribuiu, por ação, os seguintes valores em reais: 0,0521 em 10 de agosto de 2017 na forma de dividendo; 0,0678 em 10 de maio de 2017 na forma de dividendo; 0,0176 em 20 de abril de 2017 na forma de dividendo; 0,0305 em 09 de dezembro de 2016 na forma de JCP e 0,0495 em 08 de novembro de 2016 na forma de dividendo.

A soma dos proventos nesse período resultou em 0,2175, que, dividido por 2,88, dá aproximadamente 0,0755 ou 7,55%. Um DY respeitável.

Ainda na linha direta dos dividendos, um indicador a ser considerado é o **DP – *Dividend Payout***, que equivale à relação entre os dividendos pagos por ação e o lucro por ação. Por exemplo, as empresas que atendem à convenção de distribuir minimamente 25% dos seus lucros para os acionistas têm um DP relativamente baixo.

No entanto, **o investidor deve se precaver quando empresas distribuem dividendos com o DP acima de 100%**. Isto significa que a empresa está pagando seus acionistas acima de sua capacidade de gerar lucros, o que no longo prazo se revela insustentável, pois causa o seu endividamento.

Uma empresa com endividamento elevado dificilmente conseguirá manter um patamar de dividendos elevados durante muito tempo.

Portanto, é preciso considerar também **a relação entre a dívida líquida da empresa e o seu patrimônio líquido**, em que a dívida líquida é aquela que gera despesas financeiras equivalentes ao montante necessário para ser zerada. Já o patrimônio líquido representa o capital próprio da empresa, pertencente aos acionistas.

Em linhas gerais, recomenda-se que a relação entre dívida líquida e patrimônio líquido seja inferior a 100% – ou seja: que a empresa deva menos do que seu próprio valor. Quando esse indicativo é inferior a 50%, a margem de segurança para o investidor aumenta consideravelmente.

A relação entre a dívida líquida e a EBITDA também é um ótimo referencial para os analistas. EBITDA é a sigla da expressão em inglês *"Earnings Before Interest, Taxes, Depreciation and Amortization"*, que em português seria algo como LAJIDA – ou Lucros Antes de Juros, Impostos Depreciação e Amortização. Embora não entregue o lucro real de uma empresa, a EBITDA filtra a interferência de incidência variável de impostos em setores diferentes da economia, tornando mais fácil a comparação entre várias empresas.

Como regra de bolso, o investidor de longo prazo, ao analisar uma empresa, deve considerar que a dívida líquida seja no máximo três vezes maior que a EBITDA aferida nos últimos doze meses. Porém, em termos ideais, a dívida líquida não deve ultrapassar o dobro da EBITDA.

Quando esse indicador não está claro nos balanços divulgados pelas empresas, cabe ao interessado solicitar a informação no seu setor de RI.

Datas importantes

A distribuição de proventos por parte das empresas de capital aberto é considerada um fato relevante por parte da Bolsa, razão pela qual a sua divulgação deve seguir uma formalidade dividida em três datas chave. A primeira é a **data de anúncio**, que antecipa as datas seguintes.

A partir da **data ex-dividendos** as ações compradas não terão mais direito de receber os dividendos referentes ao período de apuração anterior. Em compensação, quem adquire as ações após tal data o faz com o preço descontado pelo valor do dividendo.

Por fim temos a **data de pagamento**, na qual os dividendos ou

JCP são depositados na conta do investidor – esteja ela num banco ou numa corretora de valores. É nesse dia que, de fato, ocorre o pagamento da bonificação que tanto prazer dava para John D. Rockfeller.

A título de compreensão, usaremos o exemplo da Taesa – Transmissora Aliança de Energia Elétrica S.A. – uma empresa que tradicionalmente entrega volumosos proventos aos seus acionistas. No dia 17 de maio de 2017 a instituição publicou um aviso aos sobre a distribuição de dividendos intercalares e Juros sobre o Capital Próprio.

AVISO AOS ACIONISTAS

O Conselho de Administração da Companhia aprovou, no dia de hoje, a distribuição de R$ 178.158.123,06 a título de remuneração aos acionistas, dos quais: (i) R$100.041.066,70 a título de Dividendos Intercalares, e R$78.117.056,36 a título de Juros Sobre o Capital Próprio ("JCP"), ambos relativos ao primeiro trimestre de 2017:

Total de Dividendos Intercalares (R$)	Dividendos Intercalares por ação (R$)	Dividendos Intercalares por UNIT TAEE11 (R$)
R$ 100.041.066,70	R$ 0,0967986300	R$ 0,2903958900

Total Juros sobre Capital Próprio (R$)	Juros sobre Capital Próprio por ação (R$)	Juros sobre Capital Próprio por UNIT TAEE11 (R$)
R$ 78.117.056,36	R$ 0,0755852000	R$ 0,2267556000

Total de Dividendos e Juros sobre o Capital Próprio (R$)	Dividendos e JCP a Pagar por Ação (R$)	Dividendos e JCP a pagar por UNIT TAEE11 (R$)
R$ 178.158.123,06	R$ 0,1723838300	R$ 0,5171514900

O pagamento dos dividendos intercalares e JCP ocorrerá no dia 31 de maio de 2017, com base na posição acionária do dia 22 de maio de 2017. A partir do dia 23 de maio de 2017 as ações passarão a ser negociadas "ex- dividendos e JCP" na BM&FBOVESPA.

Do valor a ser pago a título JCP será deduzido o Imposto de Renda na Fonte, conforme legislação em vigor, exceto para os Acionistas que sejam imunes ou isentos, de cuja condição deverão fazer prova até o dia 29 de maio de 2017.

Para informações adicionais, favor contatar o Departamento de Relações com Investidores da Companhia.

Rio de Janeiro, 17 de maio de 2017

Marcus Pereira Aucélio
Diretor Financeiro e de Relações com Investidores
Transmissora Aliança de Energia Elétrica S.A.

Nesse comunicado, a Taesa declarou que os pagamentos seriam efetuados no dia 31 de maio de 2017, respeitando a posição acionária do dia 22 de maio do mesmo ano. Com base nesse dado, as ações seriam negociadas – ex-dividendos e JCP – na BM&FBOVESPA a partir do dia 23 daquele mês.

Portanto, quem comprasse ações da Taesa entre a data de anúncio de distribuição de proventos (17/05/2017) e a data de – ex-dividendos (23/05/2017) ainda teria direito aos dividendos e JCP. Entre 23/05/2017 e a data dos pagamentos (31/05/2017), os compradores não teriam mais direito de receber os proventos anunciados, juntando-se aos compradores de ações do período posterior à data do pagamento, para aguardar o próximo anúncio de distribuição de proventos da Taesa.

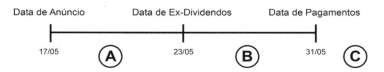

No dia 22 de maio de 2017, a ação *units* da Taesa (TAEE11) estava cotada em R$ 22,90. No dia seguinte, a cotação fechou em R$ 22,65 – já absorvendo os descontos oriundos dos valores de dividendos e JCP que seriam distribuídos por ação. A soma dos dividendos e JCP que seriam distribuídos por *units* representava aproximadamente 51 centavos, de onde se conclui que a cotação de TAEE11 na abertura do pregão virtual de 23 de maio era de R$ 22,39. Ou seja, o papel valorizou 26 centavos naquele dia, ou aproximadamente 1,16%.

O poder dos juros compostos

O físico Albert Einstein é considerado por muitos o maior gênio do século 20, em grande parte pela elaboração da Teoria da Relatividade. A ele foi atribuída, sem comprovação documental, a seguinte frase:

"Juros compostos são a oitava maravilha do mundo. Aquele que entende, ganha. Aquele que não entende, paga."

Mesmo que tal afirmação não seja de Einstein, ela não deixa de ser genial. Cabe ao investidor de longo prazo fazer proveito dela, por meio da reaplicação dos proventos recebidos.

Os juros compostos representam um mecanismo poderoso de geração de riqueza no longo prazo, pois acumulam sobre o valor do capital principal e também sobre os juros já acumulados em um investimento.

O efeito multiplicador dos juros compostos atua no mercado financeiro quando o investidor utiliza o recebimento de proventos na forma de dividendos e JCP para comprar mais ativos geradores de renda passiva.

Quem utiliza a renda passiva para cobrir despesas pessoais, por exemplo, deixa de ser beneficiado pela força dos juros compostos.

Para melhor compreensão desse princípio, utilizaremos hipoteticamente R$ 1.000,00 como o capital principal, supondo que ele possa ser investido comparativamente numa aplicação de juros simples de 12% ao ano, pagos somente sobre o capital principal, e numa aplicação de juros compostos de 12% ao ano, pagos sobre o montante atualizado.

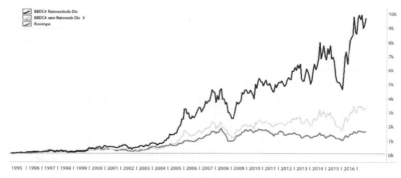

Gráfico mostra a evolução de patrimônio gerada pelas ações do Bradesco, em caso de reinvestimentos dos dividendos (linha superior) e sem reinvestimentos dos dividendos (linha intermediária), em comparação com o desempenho do Ibovespa (linha inferior) entre 1995 e 2017. [fonte: Economatica]

No caso dos juros simples, R$ 1.000,00 rendendo R$ 120,00 ao ano resultam num montante de R$ 1.120,00 ao fim do primeiro ano. Em uma década o investidor terá em sua carteira R$ 2.200,00.

Ao fim dos primeiro ano, a aplicação com juros compostos dá o mesmo resultado: R$ 1.120,00. Porém, depois de uma década, o resultado será expressivo: R$ 3.105,85. São R$ 905,85 a mais do que na aplicação de juros simples. Uma diferença de quase 30%.

Ao fim de 30 anos teremos uma carteira de juros compostos de R$ 17.449,40 contra R$ 4.600,00 na carteira dos juros simples. O montante de uma será quase quatro vezes maior que o da outra.

Em termos de investimentos, podemos afirmar que o aluguel de um imóvel é como uma aplicação de juros simples: todo mês o inquilino paga o mesmo valor para o locador, o que equivale a uma pequena porcentagem do valor do imóvel.

Já no mercado financeiro, quando os proventos são usados para compra de mais ativos, é como se o valor do aluguel pudesse ser incorporado ao valor total do imóvel: esse é o conceito dos juros compostos. Logicamente, no mercado de capitais a renda é variável e os juros também, mas o princípio multiplicador está preservado.

Renda fixa *versus* dividendos

O Brasil é um país onde a cultura da renda fixa é muito difundida. Por décadas, a caderneta de poupança vem sendo a aplicação financeira mais utilizada pela população economicamente ativa que consegue fechar o mês com mais receitas do que despesas.

Se a caderneta de poupança é livre de impostos, seu rendimento dificilmente acompanha a inflação. Ou seja, quem deixa dinheiro parado nesse produto bancário na verdade está perdendo o poder aquisitivo no longo prazo.

Aos poucos o brasileiro da classe média, ainda receoso de investir através da Bolsa de Valores, vem descobrindo outros produtos de renda fixa ofertados pelos bancos e corretoras, como os CDBs, a letras de câmbio imobiliário e agrícola – LCI e LCA –, além dos títulos da dívida pública brasileira, disponibilizados pelo Tesouro Nacional.

O problema da renda fixa é que dificilmente ela combina alto rendimento com isenção de impostos. Se as taxas são decrescentes conforme o período de aplicação, elas não deixam de reduzir os retornos para os investidores na condição de pessoa física que, no caso do recebimento de dividendos de fundos imobiliários e empresas, são isentos.

Já os rendimentos contratados em produtos de renda fixa raramente são corrigidos pela inflação, o que não ocorre no mercado de capitais, onde as empresas e os imóveis geridos pelos fundos tendem a cobrir a inflação no longo prazo.

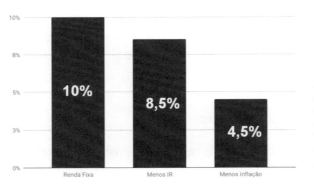

A renda fixa, quando descontada pelos impostos e corroída pela inflação, se converte em "perda fixa", nas palavras do megainvestidor Luiz Barsi Filho.

Por fim, os investimentos em renda fixa dependem das taxas de juros e, se essas taxas são estáveis ou decrescentes, os juros também decrescem. Já as distribuições de proventos das empresas tendem a evoluir no longo prazo, junto com o seu potencial de crescimento.

A carteira previdenciária

A questão da aposentadoria é central entre aqueles que desejam investir para ao menos preservar um padrão de vida razoável na terceira idade, quando a disposição e a saúde para o trabalho dificultam a equiparação com o desempenho dos mais jovens.

Sobre os sistemas públicos de previdência, já alertamos para as dificuldades que eles enfrentarão cedo ou tarde, em artigo publicado pela Suno Research em agosto de 2017, parcialmente reproduzido a seguir:

O Estado se propõe a cuidar da sua previdência. Em função disso, ele retém parte do salário dos empregados e obriga os empresários a contribuir com o sistema que o Estado mesmo administra.

Então, o Estado resolve que certos funcionários públicos merecem uma aposentadoria em condições diferentes daqueles que atuam na iniciativa privada. Os privilégios custam caro. A conta não fecha mais, pois numa ponta há mais gente se aposentando e na outra menos gente ingressando no mercado de trabalho para realimentar o sistema.

Sistemas públicos de previdência, quando ineficientes, arrastam o Estado para a insolvência. Vide o exemplo da Grécia, que por anos manteve um flexível padrão de aposentadoria no qual pessoas podiam se retirar do mercado de trabalho com pouco mais de 50 anos de idade e, por causa do aumento de expectativa de vida, atingiam quase três décadas de inatividade à custa dos contribuintes.

O déficit público provocado pelo rombo da previdência conduziu o país para uma crise sem precedentes, dado que investimentos em outras áreas essenciais e estratégicas foram cortados. A Grécia teve que pedir socorro para a União Europeia. Esta condicionou sua ajuda ao país a um plano de austeridade que exigia a reforma previdenciária, resultando numa crise política diante do impasse provocado por aqueles que desejavam manter tudo como estava.

Algo semelhante está em curso no Brasil. O país atravessa seguidos anos em recessão na década de 2010, com aumento do déficit público, mas sem consenso para levar adiante a reforma da previdência.

Com ou sem reforma, uma das certezas é esta: a remuneração dos aposentados continuará sendo insuficiente para a maioria absoluta deles. Recebendo um salário mínimo, aqueles que não tiverem renda complementar vão continuar dependendo dos filhos, que nem sempre estarão por perto. Não é isto que você quer para sua família.

No próprio artigo – intitulado "Bolsa de Valores: sua melhor opção para previdência" –, apresentamos a alternativa em linha com o tema deste livro:

Ao contrário do governo, que se propõe a manter um sistema público de previdência, na iniciativa privada nenhuma empresa de capital aberto aborda isso. Você nunca lerá um prospecto de oferta pública inicial de ações no qual a empresa em questão está preocupada com a sua aposentadoria.

No mercado financeiro é cada um por si. Ninguém se importa com você e ninguém esconde isso, até você adquirir ações de uma empresa. Neste caso, a história é diferente: como acionista de uma empresa, ela lhe deve satisfações.

A razão primordial de qualquer empresa é gerar lucro. É deste modo que ela se mantém viva no mercado. Quando uma empresa abre seu capital na Bolsa de Valores, ela está preocupada consigo mesma. Ao atrair o capital de investidores, a empresa leva adiante seus projetos regidos pela lei da oferta e da procura.

Nessa relação de ganha-ganha, a empresa que progride deve remunerar seus acionistas de dois modos, com proventos ou com a valorização das ações. Quem prioriza o investimento em empresas sólidas que são boas pagadoras de dividendos pode formatar a verdadeira carteira previdenciária.

Com os fundos imobiliários ocorre algo semelhante: eles precisam remunerar seus cotistas. Esta é a razão de sua existência. Fundos que não entregam resultados acabam. Os melhores gestores de fundos não deixam isso acontecer. Ao defenderem a própria remuneração, eles defendem a sua também.

Você não é obrigado a comprar ações de empresas e cotas de fundos imobiliários. Não há uma lei para tanto e parte de sua renda trabalhada não é retida em função disso. É a sua iniciativa que conta. Cada vez mais as pessoas serão cobradas em função disso.

Como você pode obter a digna aposentadoria através do mercado de capitais? Com a renda passiva oriunda dos proventos das empresas e dos fundos imobiliários.

Ao reaplicar diligentemente tais proventos na aquisição de mais ativos financeiros de renda variável, somando com parte excedente da renda trabalhada, é possível, ao longo dos anos, aumentar substancialmente a renda passiva a ponto de não ser mais necessário continuar exercendo um ofício.

II
LEITURA DE BALANÇO

"Contabilidade é provavelmente a matéria mais entediante do mundo. E também pode ser a mais confusa. Porém, se você quer ser rico, no longo prazo, pode ser a matéria mais importante."

- Robert Kiyosaki

O analfabetismo funcional impõe severas restrições para os indivíduos que dependem, por exemplo, do transporte público. Eles necessitam perguntar para terceiros que ônibus devem tomar para ir a determinada região, pois não conseguem ler os itinerários de cada um deles. É preciso contar com a boa vontade de estranhos para um analfabeto ir até o lugar certo. Quando enganado, ele pode seguir para direções opostas.

No mercado de capitais ocorre algo semelhante, quando o pretenso investidor não domina noções elementares de contabilidade. Quando balanços financeiros lhe são apresentados sem que ele possa compreendê-los, é como se ele fosse um analfabeto tentando pegar o ônibus certo.

O objetivo de dominar conceitos de contabilidade não é ficar independente de contadores e analistas financeiros – tais profissionais sempre serão necessários –, mas adquirir ferramentas suficientes para não aceitar passivamente o que terceiros lhe relatam. É deste modo que o investidor poderá tomar a decisão final sobre uma análise com propriedade e, pelas mesmas razões, poderá escolher os profissionais que eventualmente irá consultar.

Contabilidade é um assunto tão extenso que existem cursos universitários que duram anos para formar um profissional. Não é nossa intenção diplomar o leitor, mas deixá-lo a par de conceitos essenciais que lhe servirão de auxílio para se aprimorar num processo que deve ser contínuo.

Balanço Patrimonial

O Balanço Patrimonial é composto por três elementos essenciais: o Ativo, o Passivo e o Patrimônio Líquido.

Os **Ativos** respondem por bens e direitos: são os recursos disponíveis, os investimentos em máquinas, equipamentos e bens patrimoniais, além das dívidas e recursos a receber. Os Ativos de uma empresa são separados em circulantes (que podem ser transformados em dinheiro rapidamente, como, por exemplo, produtos estocados) e não circulantes (que são os bens estruturantes que a empresa mantém no longo prazo, como sedes administrativas ou fábricas próprias).

Os **Passivos** estão relacionados às obrigações: são os compromissos com terceiros, que podem ser credores de dívidas, impostos devidos, salário dos funcionários, possíveis perdas judiciais, vendas realizadas com entrega futura do bem ou serviço. Os Passivos também são separados em circulantes (como os empréstimos efetuados por bancos com vencimento inferior ao prazo de um ano e compromissos com fornecedores diversos) e não circulantes (como, por exemplo, a quitação de financiamentos com prazo superior a um ano ou qualquer despesa que ultrapasse o período coberto pelo exercício complementar à publicação do Balanço Patrimonial).

O **Patrimônio Líquido** é formado pelo agrupamento de contas que registram o valor contábil pertencente aos acionistas ou cotistas, como o Capital Social (o investimento empenhado pelos sócios da empresa), reservas legais para garantir proteções aos credores e o lucro ou prejuízo acumulado. Este elemento é compreendido, também, pela diferença entre os valores das classes dos Ativos e dos Passivos.

Um Balanço Patrimonial representa a fotografia dos bens, direitos e obrigações de uma empresa. A história contábil dessa empresa será contada, como num filme, pela sequência de Balanços Patrimoniais ao longo dos anos. O analista de investimentos deve, sempre que possível, estudar a evolução dos dados das empresas, publicados nos Balanços Patrimoniais, pelo maior período possível.

Formato de um Balanço Patrimonial

Ativo

Caixa	A
Contas a receber	B
Estoque	C
Despesas antecipadas	D
Ativo circulante	A + B + C + D = **E**
Outros ativos	F
Imobilizados	G
Depreciação Acumulada	H
Ativo não circulante	F + G - H = **I**
Ativo total	E + I = **J**

Passivo

Contas a pagar	K
Dívidas de curto prazo	L
IR a pagar	M
Passivo circulante	K + L + M = **N**
Dívidas de longo prazo	**O**
Capital social	P
Lucros acumulados	Q
Patrimônio Líquido	P + Q = **R**
Passivo e PL total	N + O + R = **S**

(SUNO)

Formato de um Balanço Patrimonial

Um Balanço Patrimonial pode ser dividido em duas colunas.

Na coluna do **Ativo** temos, por exemplo, o Caixa (A), Contas a Receber (B), Estoque (C), Despesas Antecipadas (D). O Ativo Circulante (E) é a somatória de A, B, C e D. O Ativo Não Circulante (I) é a somatória de Outros Ativos (F), Imobilizados (G) e Depreciação Acumulada (H). O Ativo Total (J) é a soma do Ativo Circulante (E) com o Ativo não Circulante (I).

Já na coluna do **Passivo** temos Contas a Pagar (K), Dívidas de Curto Prazo (L) e Imposto de Renda a Pagar (M). A soma de K, L e M resulta no Passivo Circulante (N). Devemos considerar, como Passivo Não Circulante, as Dívidas de Longo Prazo (O).

Por fim, temos ainda o Capital Social (P) e os Lucros Acumulados

(Q). O **Patrimônio Líquido** (R) é a soma de ambos: P e Q. O Passivo e o Patrimônio Líquido total (S) são a soma do Passivo Circulante (N) com as Dívidas de Longo Prazo (O) e o Patrimônio Líquido (R).

Demonstração de Resultado do Exercício – DRE

A Demonstração do Resultado do Exercício – DRE – é um documento usual em contabilidade para representar a formação dinâmica do resultado líquido de uma empresa em determinado período, que pode ser anual (convencionalmente de janeiro a dezembro), trimestral (para objetivos fiscais) ou mensal (como auxílio administrativo).

A DRE de uma empresa condensa num documento os seus resultados operacionais e não operacionais, com vistas a explicitar suas condições financeiras. A DRE não representa a situação do caixa da empresa, mas traz a explicação do resultado líquido através da exposição das suas receitas, seus custos e despesas.

Formato de um Demonstrativo de Resultados

Receita Bruta	A
Impostos sobre Receita	B
Receita Líquida	A + B = C
Custo da Mercadoria Vendida	D
Lucro bruto	C - D = E
Despesas com Vendas e Marketing	F
Despesas com P&D	G
Despesas Gerais e Administrativa	H
Despesas Operacionais	F + G + H = I
Lucro Operacional	E - I = J
Resultado Financeiro	K
IR a Pagar	L
Lucro Líquido	J + K - L = M

(SUNO)

Formato de uma DRE

Existem convenções definidas por lei que regem os tópicos, bem como o seu ordenamento, para a correta divulgação de uma DRE, não importando o porte da empresa e não deixando margens para personalizações de conteúdo. Isso é fundamental para os analistas estabelecerem comparações claras entre empresas que atuam no mesmo setor.

Uma DRE é apresentada em campos sequenciais sobrepostos. Por exemplo, no primeiro campo tem-se a Receita Bruta (A) e os Impostos sobre Receita (B). No campo seguinte temos a Receita Líquida (C) resultante da soma de A e B, além do Custo da Mercadoria Vendida (D). No campo de baixo apresenta-se o Lucro Bruto (E), que é a Receita Líquida (C) menos o Custo da Mercadoria Vendida (D); as Despesas com Vendas e Marketing (F), as Despesas com P&D – Pesquisa e Desenvolvimento – (G) e Despesas Gerais e Administrativas (H).

As Despesas Operacionais (I) ficam num campo exclusivo e equivalem à soma de F, G e H. No campo a seguir temos o Lucro Operacional (J), que equivale ao Lucro Bruto (E) menos as Despesas Operacionais (I), além do Resultado Financeiro (K) e do Imposto de Renda a Pagar (L). No campo final temos o Lucro Líquido (M), resultante da soma do Lucro Operacional (J) com o Resultado Financeiro (K) menos o Imposto de Renda a Pagar – IR (L).

Demonstração de Fluxo de Caixa – DFC

A importância de analisar a Demonstração do Fluxo de Caixa (DFC), além do Balanço Patrimonial e da Demonstração do Resultado do Exercício, está no fato de que nem sempre uma empresa lucrativa possui um Fluxo de Caixa equilibrado. Por exemplo, existem empresas que fazem vendas à vista, como a Ambev, e empresas que fazem vendas a prazo, como ocorre com a maioria das construtoras, que podem levar meses e até anos para receber por imóveis concluídos.

O atraso no recebimento das receitas pode impactar o Capital de Giro da empresa, deixando-a mais dependente de financiamentos bancários, ao passo que empresas que convertem receitas em dinheiro imediatamente, e protelam o pagamento de despesas, ganham uma fonte de renda adicional ao aplicar o montante no próprio mercado de capitais.

Em linhas gerais, o DFC relata as operações que alteram o caixa de uma empresa, distinguindo as atividades operacionais das atividades de investimento, bem como as atividades de financiamento que promovem as variações no caixa.

Em suma, o **Fluxo de Caixa** é representação das movimentações financeiras de uma empresa. Seu objetivo é fornecer informações sobre as origens e os destinos dos recursos financeiros.

Formato de uma Demonstração de Fluxo de Caixa

Fluxo de Caixa de Atividades Operacionais	
Lucro Líquido	a
(+) Depreciação	b
Variação em Contas a Receber	c
Variação em Estoque	d
Variação em Contas a Pagar	e
Caixa de Atividades Operacionais	a + b + c + d + e = f
Fluxo de Caixa de Atividades de Investimento	
Investimento em Imobilizado	g
Aquisições	h
Caixa de Atividades de Investimento	g + h = i
Fluxo de Caixa de Atividade de Financiamento	
Empréstimos de longo prazo	j
Dividendos	k
Recompra/venda de ações	l
Caixa de Atividades de Financiamento	j + k + l = m

Caixa Inicial   **CI**

Variação do caixa $f + i + m = $ **VC**

Caixa Final   CI + VC = **CF**

(SUNO)

Formato de uma DFC

Antigamente, cada país tinha um modo específico para a formatação de uma DFC. Aos poucos, as convenções internacionais estão padronizando a apresentação de documentos contábeis, entre eles a Demonstração de Fluxo de Caixa, que é dividido em três campos específicos.

O primeiro campo é referente ao **Fluxo de Caixa de Atividades**

Operacionais, que comporta o Lucro Líquido (A), a Depreciação (B), a Variação em Contas a Receber (C), a Variação em Estoque (D) e a Variação em Contas a Pagar (E). O Caixa de Atividades Operacionais (F) é a soma de A, B, C, D e E.

O segundo campo se refere ao Fluxo de Caixa de Atividades de Investimento, onde constam o Investimento em Imobilizado (G) e as Aquisições (H). O Caixa de Atividades de Investimento (I) é a soma de G e H.

Por fim, temos o campo de Fluxo de Caixa de Atividade de Financiamento, no qual se especificam os Empréstimos de Longo Prazo (J), os Dividendos (K) e a Recompra ou Venda de Ações (L). O Caixa de Atividades de Financiamento (M) é o conjunto de J, K e L.

Para a compreensão global da DFC, temos o **Caixa Inicial** (CI), que é um dado oriundo do exercício anterior; a **Variação do Caixa** (VC), que será a soma do Caixa de Atividades Operacionais (F) com o Caixa de Atividades de Investimento (I), e o Caixa de Atividades de Financiamento (M). O **Caixa Final** (CF) será a soma do Caixa Inicial (CI) com a Variação do Caixa (VC).

Exemplo: *Food Truck* de *hot dog*

Para compreender melhor os conceitos apresentados neste capítulo, usaremos como exemplo uma empresa fictícia, composta basicamente de um *Food Truck* que comercializa *hot dog*.

Em nossa breve apresentação vamos considerar a situação da empresa em três estágios – ou tempos – diferentes: o estágio inicial (T0), o estágio intermediário (T1) e o estágio final (T2).

Em T0 temos um investimento de R$ 50.000,00, que serão integralizados com um empréstimo de mais R$ 50.000,00 com juros correntes de 1% ao mês.

Em T1 a empresa efetua a compra de um veículo utilitário, que, embora seja um automóvel, do ponto de vista contábil será um ativo imobilizado, no valor de R$ 80.000,00. A compra do estoque (pão, salsicha, condimentos e bebidas) consome os R$ 20.000,00 restantes.

Em T2 identificamos a receita de vendas angariando o valor de R$ 40.000,00.

Balanço Patrimonial - Food Truck

Ativo		Passivo	
Caixa	100.000	Contas a pagar	0
Estoque	0	IR a pagar	0
Ativo circulante	100.000	Passivo circulante	0
Imobilizados	0	Dívidas de longo prazo	50.000
Depreciação Acumulada	0		
Ativo não circulante	0	Capital social	50.000
		Lucros acumulados	0
Ativo total	100.000	**Patrimônio Líquido**	50.000
		Passivo e PL total	100.000

(SUNO)

Balanço Patrimonial do *Food Truck*

Para T0 o Balanço Patrimonial do *Food Truck* apresentará os seguintes valores para a coluna do Ativo: Caixa de R$ 100.000,00 e Estoque zerado. O Ativo Circulante será também de R$ 100.000,00, com o Imobilizado e a Depreciação Acumulada no zero. O Ativo Não Circulante será nulo e o Ativo Total será de R$ 100.000,00.

Na coluna do Passivo, em T0, teremos Contas a Pagar e IR a Pagar zerados. O Passivo Circulante será nulo, mas as Dívidas de Longo Prazo serão de R$ 50.000,00. O Capital Social será de R$ 50.000,00, sem Lucros Acumulados. O Patrimônio Líquido (PL) será de R$ 50.000,00 e o Passivo e PL total serão de R$ 100.000,00.

Já em T1 o Balanço Patrimonial do *Food Truck* apresentará os seguintes valores para a coluna do Ativo: Caixa zerado e

Estoque com R$ 20.000,00. O Ativo Circulante será também de R$ 20.000,00, com o Imobilizado indicando R$ 80.000,00 e a Depreciação Acumulada no zero. O Ativo Não Circulante será de R$ 80.000,00 e o Ativo Total continua em R$ 100.000,00.

Balanço Patrimonial - Food Truck

Ativo			Passivo		
Caixa	0		Contas a pagar	0	
Estoque	20.000		IR a pagar	0	
Ativo circulante	20.000		Passivo circulante	0	
Imobilizados	80.000		Dívidas de longo prazo	50.000	
Depreciação Acumulada	0				
			Capital social	50.000	
			Lucros acumulados	0	
Ativo não circulante	80.000				
Ativo total	100.000		**Patrimônio Líquido**	50.000	
			Passivo e PL total	100.000	

(SUNO)

Na coluna do Passivo, em T1, teremos Contas a Pagar e IR a Pagar ainda zerados. O Passivo Circulante ainda será nulo e as Dívidas de Longo Prazo permanecem de R$ 50.000,00. O Capital Social ainda será de R$ 50.000,00, mas sem Lucros Acumulados. O Patrimônio Líquido (PL) será de R$ 50.000,00 e o Passivo e PL total serão de R$ 100.000,00, como em T0.

Demonstração de Resultado do Exercício (DRE) do *Food Truck*

Neste ponto podemos apresentar a primeira DRE do empreendimento.

No primeiro campo temos a Receita Líquida de R$ 40.000,00, com o Custo da Mercadoria Vendida em R$ 20.000,00.

A seguir teremos o Lucro Bruto de R$ 20.000,00, entrando em voga a Depreciação de R$ 1.333,33 após o uso do veículo; as Despesas Gerais e Administrativas atingem R$ 4.000,00 e as

Despesas Financeiras (juros do empréstimo bancário ao fim do primeiro mês) ficam em R$ 500,00.

Disso decorre que o Lucro Operacional resulta em R$ 14.166,67 e o Imposto de Renda a Pagar (IR com alíquota de 25%) será de R$ 3.541,67.

Por fim, o Lucro Líquido será de apenas R$ 10.625,00.

Demonstrativo de Resultados - Food Truck

Receita Líquida	40.000
Custo da Mercadoria Vendida	(20.000)
Lucro bruto	20.000
Depreciação	(1.333,33)
Despesas Gerais e Administrativa	(4.000)
Despesas financeiras	(500)
Lucro Operacional	14.166,67
IR a Pagar (ALÍQUOTA 25%)	(3.541,67)
Lucro Líquido	10.625

(SUNO)

Logo, no Balanço Patrimonial do *Food Truck* em T2 serão apresentados os seguintes números para a coluna do Ativo: Caixa de R$ 35.500,00 e Estoque zerado. O Ativo Circulante será também de R$ 35.500,00, com o Imobilizado indicando R$ 80.000,00 e a Depreciação Acumulada em R$ 1.333,33. O Ativo não circulante será de R$ 78.666,67 e o Ativo Total se elevará para R$ 114.166,67.

Na coluna do Passivo, em T2, teremos Contas a Pagar nulas, mas com IR a Pagar de R$ 3.541,67. O Passivo Circulante será nulo, e as Dívidas de Longo Prazo permanecem em R$ 50.000,00. O Capital Social ainda será de R$ 50.000,00, com Lucros Acumulados de R$ 10.625,00. Então, o Patrimônio Líquido (PL) será de R$ 60.625,00 e o Passivo e PL Total será de R$ 114.166,67.

Balanço Patrimonial - Food Truck

Ativo		Passivo	
Caixa	35.500	Contas a pagar	0
Estoque	0	IR a pagar	3.541,67
Ativo circulante	35.500	Passivo circulante	0
Imobilizados	80.000	Dívidas de longo prazo	50.000
Depreciação Acumulada	(1.333,33)		
		Capital social	50.000
Ativo não circulante	78.666,67	Lucros acumulados	10.625
Ativo total	114.166,67	**Patrimônio Líquido**	60.625
		Passivo e PL total	114.166,67

(SUNO)

Demonstração de Fluxo de Caixa (DFC) do *Food Truck*

A Demonstração do Fluxo de Caixa do *Food Truck* seguirá o padrão de divisão em três campos específicos, acompanhado de três colunas referentes aos estágios T0, T1 e T2.

No campo que demonstra o **Fluxo de Caixa de Atividades Operacionais**, o Lucro Líquido vai apontar R$ 10.625,00 em T2; a Depreciação será de R$ 1.333,33 também em T2; a Variação em Contas a Receber será nula nos três estágios; a Variação em Estoque apresentará o valor positivo de R$ 20.000,00 em

Fluxo de Caixa - Food Truck

	t0	t1	t2
Fluxo de Caixa de Atividades Operacionais			
Lucro Líquido	0	0	10.625
(+) Depreciação	0	0	1.333,33
Variação em Contas a Receber	0	0	0
Variação em Estoque	0	20.000	-20.000
Variação em Contas a Pagar	0	0	3541,67
Caixa de Atividades Operacionais	0	-20.000	35.500
Fluxo de Caixa de Atividades de Investimento			
CAPEX	0	-80.000	0
Caixa de Atividades de Investimento	0	-80.000	0
Fluxo de Caixa de Atividade de Financiamento			
Empréstimos de longo prazo	50.000	0	0
Dividendos	0	0	0
Emissão de ações	50.000	0	0
Caixa de Atividades de Financiamento	100.000	0	0
Caixa Inicial	0	100.000	0
Variação do Caixa	100.000	-100.000	35.500
Caixa Final	100.000	0	35.500

(SUNO)

T1 e negativo de R$ 20.000,00 em T2; a Variação de Contas a Pagar resultará em R$ 3.541,67 em T2 e o Caixa de Atividades Operacionais apontará o valor negativo de R$ 20.000,00 em T1 e positivo de R$ 35.500,00 em T2.

No campo do **Fluxo de Caixa de Atividades de Investimento**, o CAPEX (Sigla em inglês para *Capital Expenditure*, que em português corresponde às despesas de capital ou investimento em bens de capital) será nulo em T0 e T2, mas negativo em R$ 80.000,00 para T1 – mesmos indicadores para o Caixa de Atividades de Investimento.

Finalmente, no campo do **Fluxo de Caixa de Atividades de Financiamento**, os Empréstimos de Longo Prazo serão apontados como R$ 50.000,00 em T0 e nulos nos demais estágios; os Dividendos serão nulos nos três estágios, dado que o dono do *Food Truck* ainda não fez qualquer retirada de capital da empresa; em Emissões de Ações teremos R$ 50.000,00 em T0, correspondendo ao Capital Inicial aportado no empreendimento. Deste modo, o Capital de Atividades de Financiamento será de R$ 100.000,00 em T0 e zero nos demais estágios.

Para o **Caixa Inicial**, teremos um valor nulo em T0 e T2, e R$ 100.000,00 em T1. A **Variação do Caixa** apontará R$ 100.000,00 positivos em T0, R$ 100.000,00 negativos em T1 e R$ 35.500,00 em T2. O **Caixa Final** será de R$ 100.000,00 em T0, zerado em T1 e de R$ 35.500,00 em T2.

Recomendamos que o leitor se familiarize com os documentos contábeis que as empresas de capital aberto na Bolsa de Valores de São Paulo são obrigadas a tornar públicos. A comparação de Balanços Patrimoniais entre empresas do mesmo setor, por exemplo, auxiliará o investidor nas tomadas de decisões baseadas nas interpretações dos números. O mesmo se aplica para as Demonstrações de Resultados de Exercícios e Demonstrações de Fluxo de Caixa.

III
A QUALIDADE DO DIVIDENDO

"O payout ratio é talvez o indicador mais poderoso para obter uma visão rápida se uma empresa vai sustentar e aumentar seu dividendo."

- Charles B. Carlson

O ser humano sempre teve curiosidade para saber o que acontecerá no futuro, aprendendo a interpretar sinais para prever a ocorrência de chuvas, por exemplo. Observando as estrelas e as sombras que o sol projeta em referências fixas ao longo dos anos, a humanidade descobriu a existência das estações – primavera, verão, outono e inverno – e dos ciclos climáticos. Estas noções foram fundamentais no desenvolvimento da agricultura, a grande responsável por fixar comunidades em determinado lugar.

A previsão do futuro fez o homem desenvolver crenças e consultar oráculos até desenvolver métodos científicos que o auxiliassem em algumas questões. Em linhas gerais, aprendemos a lidar com probabilidades, mas estamos longe de atingir certezas sobre o que há por vir – até as previsões do tempo apresentadas no telejornal da noite erram prognósticos para o dia seguinte, vez ou outra.

A capacidade de prever o dia seguinte no mercado de capitais é tão glamorizada como inatingível. Há quem viva de fazer apontamentos neste sentido, comercializando *newsletters* e relatórios com análises financeiras que só os mais ingênuos aceitam integralmente. Seus redatores marcam jogos triplos na loteria esportiva e depois comentam apenas os acertos, varrendo os erros para debaixo do teclado.

Assim como na atividade agrícola, no mercado financeiro a economia também funciona em ciclos aparentemente previsíveis. Em análises de valores mobiliários o que existe são muitas probabilidades e poucas certezas. Há quem confie em análises gráficas, buscando identificar ritmos de oscilações que teoricamente se repetem de tempos em tempos. Ocorre que movimentos imprevistos sempre interferem nos resultados esperados.

Para o investidor de longo prazo, no entanto, importa mais empregar seus esforços na análise fundamentalista, especialmente se ele utiliza a estratégia dos dividendos.

Se o histórico de solidez de uma empresa ou fundo imobiliário não é garantia de resultados futuros, ao menos é um indicativo a ser considerado dentro das margens de segurança, em que sempre deixar de perder dinheiro é mais importante do que ganhar apenas de forma pontual.

Dividendo *versus* o lucro

Um dos caminhos mais seguros que o investidor de dividendos pode seguir é atentar para o *dividend payout ratio* das empresas. Esta taxa de pagamento de dividendos é calculada a partir do montante dos dividendos distribuídos aos acionistas, dividido pelo resultado líquido – lucro – em determinado período. Ao multiplicar o resultado da fração em cem vezes, teremos a taxa expressa em porcentagem.

Em princípio, aqueles que desejam diminuir os riscos de investimentos devem procurar empresas com *payout ratio* inferior a 60%. Ou seja, empresas que retêm ao menos 40% do seu lucro para manutenção de seu giro de capital.

Essa medida conservadora visa isolar a volatilidade do dividendo, tornando-o mais previsível ao longo dos anos, mas fazendo o investidor perder algumas oportunidades. Esse será o preço a ser pago pela preservação da tranquilidade.

O aporte de valores em empresas com alto *payout* só deve ser feito em casos isolados, a partir de análises complementares que tragam compreensão sobre o motivo da elevada distribuição dos lucros. É o caso das empresas que prestam serviços que dispensam os reinvestimentos constantes nas suas operações.

Como identificar o *payout ratio*

Existem basicamente dois modos para encontrar o *payout ratio* de uma empresa de capital aberto em Bolsa de Valores. O modo mais difícil, dado que não segue um padrão claro, é pesquisar nos sites de RI – Relações com Investidores – de cada empresa. Já o modo mais prático é acessar páginas da Internet que aglutinam indicadores fundamentalistas dessas empresas.

Tomemos como exemplo o caso da Multiplus (MPLU3). Visitamos o site institucional da empresa em novembro de 2017, na versão para computadores de mesa (www.pontosmultiplus.com.br). No rodapé da página há um índice com algumas seções, entre elas a de Relações com Investidores, cujo *link* pode ser adicionado na pasta de favoritos do investidor: ri.pontosmultiplus.com.br

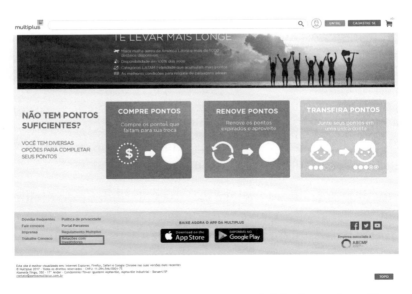

Página inicial da Multiplus com acesso para o setor de Relações com Investidores.

Na página inicial de RI da Multiplus que acessamos há um *link* em destaque no canto esquerdo, abaixo da coluna sobre os resultados trimestrais, denominado CENTRAL DE RESULTADOS. Nele é ofertada uma planilha em padrão Excel intitulada Dados Históricos Financeiros. Ao clicar sobre ele, o arquivo é baixado.

Tanto no Demonstrativo de Resultados como no Fluxo de Caixa, nos interessa a informação sobre o Lucro Líquido do segundo trimestre de 2017, que no caso foi de R$ 125.960.000,00.

Resta saber quanto desse valor foi entregue aos acionistas, tendo em mente que a Multiplus faz a distribuição trimestral de proventos.

Na seção de RI da Multiplus, atente para a Central de Resultados e para o campo das notícias.

Seguimos então para a seção NOTÍCIAS da página inicial de RI da empresa, em busca do aviso aos acionistas sobre o pagamento de dividendos e JCP, publicado no mesmo dia da divulgação dos resultados do segundo trimestre de 2017, em 03 de agosto. Reproduzimos o parágrafo número 1:

Distribuição de dividendos intermediários no valor de R$

113.532.524,01 (cento e treze milhões, quinhentos e trinta e dois mil, quinhentos e vinte e quatro reais e um centavo), correspondente a R$ 0,70024489034738 por ação, e juros sobre o capital próprio no valor de R$ 5.978.102,01 (cinco milhões, novecentos e setenta e oito mil, cento e dois reais e um centavo), correspondente a R$ 0,03687168432740 por ação, ou de R$ 5.079.690,48 (cinco milhões, setenta e nove mil, seiscentos e noventa reais e quarenta e oito centavos), líquido de imposto de renda na fonte, correspondente a R$ 0,03133046969345 por ação, exceto para os acionistas comprovadamente isentos ou imunes.

Somando os dividendos com o JCP, temos o valor de R$ 119.510.626,02, que, dividido pelo lucro líquido de R$ 125.960.000,00, resulta em 0,94879823768 ou aproximadamente 95%. Este é o *payout ratio* da Multiplus, justificado pelo fato de a empresa comercializar pontos de fidelidade através da Internet e dos cartões de crédito em transações diversas. Seu lucro é oriundo primordialmente dos pontos não resgatados pelos participantes de seus programas de fidelidade, e pelas comissões pagas pelas empresas por cada ponto utilizado.

O leitor certamente notou que a operação para identificar com clareza o *payout ratio* não foi simples. Cada empresa estrutura seu site de RI de modo diferente e as informações não são apresentadas diretamente, salvo pelas empresas que praticam uma política clara de fornecimento de indicadores para seus acionistas e investidores em potencial.

Felizmente, o investidor do mercado brasileiro de capitais pode contar com o site www.fundamentus.com.br – lá ele pode beber na fonte de informações devidamente mastigadas pelos mantenedores da página. O trabalho deles é recolher os documentos publicados pelas empresas e extrair deles os números que sintetizam os indicadores fundamentalistas.

Para descobrir o *payout ratio* das empresas através desse portal, o procedimento é diferente, mas chega quase sempre ao mesmo resultado. O "quase sempre" fica por conta de eventuais erros de digitação que podem ocorrer e que, devido à confiabilidade do site, serão perdoados. Em todo caso, se o analista desconfiar de algo, ele terá as fontes primárias de informação para se certificar.

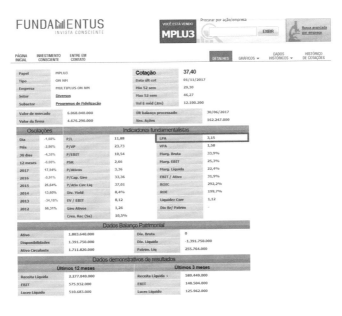

Os indicadores fundamentalistas reunidos no site Fundamentus.
Vide o Lucro Por Ação – LPA – em destaque.

Aqui vamos pesquisar a Multiplus digitando o código de sua ação (MPLU3) no campo "Procurar por ação/empresa". Os detalhes fundamentalistas vão aparecer distribuídos em linhas e colunas. Devemos procurar pelo indicador "LPA", de Lucro Por Ação, que responde pelo lucro líquido dividido pelo número de ações emitidas. No caso da Multiplus, ele era de R$ 3,15 no dia de nossa consulta.

Esse número será comparado com os proventos distribuídos por ação, que estão na seção DADOS HISTÓRICOS / Proventos – disponível no alto da tela, no lado direito. A diferença importante do Fundamentus é que ele computa os dados referentes a um período de 12 meses e não apenas a um trimestre.

A soma dos dividendos e JCP, distribuídos pela Multiplus entre novembro de 2016 e agosto de 2017, foi de R$ 3,1514 por ação. Esse valor dividido pelo LPA resulta em praticamente 100% de *payout*. A variação de 5% em relação ao *payout* encontrado pelo primeiro método de pesquisa se dá justamente pelos períodos diferentes que foram analisados: um trimestre para o primeiro modo e um ano para o segundo.

O histórico de distribuição de proventos da Multiplus no Fundamentus.

Dividendo *versus* o fluxo de caixa

A distribuição de dividendos nem sempre é um sinal de saúde financeira de uma empresa ou fundo imobiliário, dado que algumas instituições entregam proventos elevados mesmo sem estarem em situação financeira positiva.

Do mesmo modo, existem empresas que geram caixa em determinado momento, mas que não distribuem dividendos, diferentemente do que ocorre com os fundos imobiliários, que são obrigados por lei a entregar proventos quando operam com resultados positivos.

Lucros não realizados

A construtora PDG Realty, por exemplo, conciliou distribuição de dividendos com fluxo de caixa negativo entre 2007 e 2011 e, mesmo com fluxo de caixa positivo entre 2014 e 2015, não entregou proventos aos acionistas. O caixa voltou a ficar negativo em 2016 e a incorporadora pediu recuperação judicial em 2017.

Para compreender a razão desses contrastes, é preciso estudar os ciclos imobiliários que o Brasil atravessou nesse período. Entre 2007 e 2011, o mercado imobiliário brasileiro viveu tempos de euforia e aquecimento, com vários empreendimentos sendo lançados.

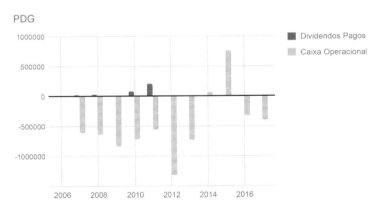

A relação entre os Dividendos Pagos e o Caixa Operacional da PDG Realty entre 2006 e 2016. [fonte: Economatica]

A venda massiva de imóveis na planta indicou o recebimento de lucros futuros para a PDG, o que explica a sua distribuição de dividendos para os acionistas, mesmo despendendo milhões de reais na construção das torres de apartamentos em vários estados do país, com a formação de mais de 500 Sociedades de Propósito Específico – SPEs, uma para cada projeto imobiliário.

Vale lembrar que raramente alguém compra um apartamento na planta à vista. A maioria das vendas nesse tipo de empreendimento é financiada no longo prazo.

Os lucros declarados pela PDG foram convertidos em prejuízos com a avalanche de distratos originada pelo desaquecimento da economia, que ocasionou o aumento do desemprego e consequente inadimplência, além da desistência de diversos pequenos investidores diante da expectativa não concretizada da valorização dos imóveis.

Entre 2014 e 2015, a PDG operou com caixa positivo, devido à interrupção dos lançamentos e do recebimento tardio das vendas realizadas anos antes – o que não foi suficiente para evitar o pedido de recuperação judicial.

Receita crescente

A empresa de tecnologia Apple conheceu uma trajetória bem

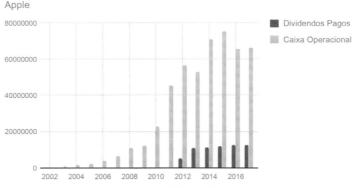

Evolução do Caixa Operacional da Apple, cuja distribuição de proventos começou em 2012. [fonte: Economatica]

diferente. Ela vem operando com caixa positivo em valores expressivos desde 2003, numa crescente quase constante. Passou a distribuir dividendos somente a partir de 2012, com um *payout ratio* baixo, sempre inferior a 20%. A emissão de proventos da Apple para seus acionistas não foi interrompida desde então.

Ambiente competitivo

O ambiente competitivo é o sistema completo no qual uma empresa está inserida e abrange em primeiro plano os competidores diretos e indiretos.

A competição direta se dá entre empresas que ofertam produtos ou serviços semelhantes para o mesmo público alvo. Por exemplo, a Bandeirantes é concorrente direta da Record na disputa por audiência na TV aberta brasileira, cujos números alimentam o mercado publicitário, que é a principal fonte de receita de ambas.

Já a competição indireta ocorre quando as empresas não oferecem os mesmos produtos ou serviços – ao menos não na mesma plataforma –, mas disputam a atenção do mesmo perfil de consumidor. A Netflix, que oferece transmissão de conteúdo pago pela Internet, disputa com os canais de TV um público semelhante. No caso, a receita principal da Netflix é oriunda diretamente de sua audiência cativa.

Num segundo plano, o ambiente competitivo engloba os fatores externos, como a volatilidade do mercado e a ocorrência de eventos fora da normalidade que podem interferir no desempenho das empresas.

A crescente restrição, via leis estaduais e federais, ao uso do amianto na construção civil tem prejudicado as empresas que usam esse material em seus artefatos. É o caso, por exemplo, da Eternit, fabricante de telhas de fibrocimento.

A crise financeira internacional, deflagrada em 2008 a partir dos Estados Unidos, provocou a queda do valor de mercado de diversas instituições bancárias ao redor do planeta. As Bolsas também sofrem quando ocorrem atentados terroristas de grande alcance e eclosão de guerras.

Cabe às empresas, portanto, desenvolver vantagens competitivas que as elevem para um patamar de segurança capaz de protegê-las das adversidades diversas da economia interna e externa. Tais vantagens devem ser suficientes para que as empresas mantenham um desempenho positivo ininterruptamente.

As vantagens competitivas permitem a elevada rentabilidade das empresas, melhorando as condições para a longevidade de seus negócios. Além disso, elas protegem as empresas da concorrência direta e indireta, pois fazem com que lucrem mais que os concorrentes.

Concorrência *in natura*

As vantagens, porém, não são eternas. Por isso, devem ser monitoradas constantemente – algo que não ocorreu com a Natura, atuante no mercado de cosméticos, com produtos de uso pessoal e de higiene.

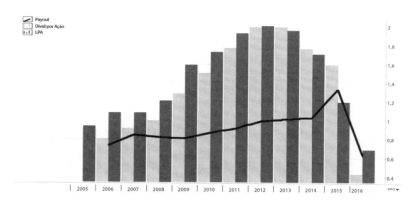

Gráfico relacionando o LPA da Natura com os dividendos pagos por ação entre 2005 e 2016. A linha contínua equivale ao *Payout* da empresa. [fonte: Economatica]

Por muitos anos a Natura foi considerada uma empresa inovadora, com sucessivos lançamentos de produtos bem-sucedidos no mercado.

Sua principal concorrente, a Boticário, passou uma década inteira sem ameaçar sua liderança no setor. A situação mudou nos últimos anos, quando o lucro por ação despencou por conta da concorrência, trazendo para baixo também a distribuição de dividendos.

As cinco classes de vantagens competitivas

No ambiente competitivo as empresas devem perseguir os objetivos de atingir ao menos algumas das seguintes classes de vantagens competitivas:

1. *Marca forte.* Por décadas, a Coca-Cola foi marca mais valiosa do mundo. Recentemente ela perdeu esse posto para a Apple e o Google, mas ainda reina absoluta na influência das escolhas de clientes ao redor do mundo, na hora de comprar refrigerantes.

2. *Network effect.* Em termos de efeito de rede, ninguém bate o serviço do Facebook, a maior rede social estabelecida desde a criação da Internet, com quase dois bilhões de usuários ao redor do planeta, num volume crescente desde a sua fundação em 2004.

3. *Escala.* A norte-americana Walmart é uma rede de lojas de departamento de alcance global, com 11 mil lojas em 27 países. Como a margem de lucro de empresas que atuam no varejo é baixa, a solução é investir na eficiência da logística.

4. *Propriedade intelectual com barreiras de acesso.* A Monsanto é uma empresa de agricultura e biotecnologia com atuação multinacional. Grande parte de sua receita advém das patentes sob seu controle, que impedem a ação dos concorrentes.

5. *Switch cost.* Quando o assunto é "custo de troca" poucas empresas são mais eficientes que a Microsoft, com seu sistema operacional Windows. Por ser um programa tão difundido, as pessoas pensam várias vezes antes de arriscar uma alternativa.

A Apple, já citada no item sobre a força da marca, é uma empresa que na realidade domina as cinco vantagens competitivas citadas. Vejamos: ela é conhecida e admirada mundialmente; seus *smartphones* estão nas mãos de milhões e milhões de usuários; sua economia de escala e logística de distribuição de produtos são altamente eficientes; várias de suas criações e inovações tecnológicas estão protegidas por patentes; e seus consumidores dificilmente vão trocar de marca na próxima aquisição de *hardware* ou *software*.

Questões cíclicas

O mercado de capitais – como já mencionamos anteriormente – é cíclico, alternando momentos de euforia com momentos de pessimismo. Tais ciclos podem durar anos e, em alguns casos, ultrapassar uma década.

Existem negócios suscetíveis aos ciclos da economia, ao passo que outros têm maior perenidade, com maior resistência às eventuais adversidades.

Os negócios cíclicos apresentam maior volatilidade, pois estão sujeitos às receitas elevadas em momentos de prosperidade e expansão da economia, ao passo que as receitas caem – por vezes severamente – em momentos de recessão e contração econômica.

Entre os setores cíclicos, se destacam o automobilístico, imobiliário, da construção civil, dos eletrônicos e das empresas focadas na exploração de matéria-prima.

Já as empresas que atuam no campo da energia elétrica e do saneamento básico, no setor de alimentação, além do setor bancário, estão mais protegidas dos altos e baixos da economia, dado que a população não deixa de consumir seus produtos e serviços mesmo em tempos de crise.

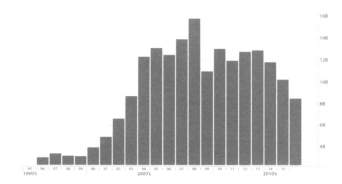

A evolução da receita da Usiminas em três décadas. [fonte: Economatica]

A Usiminas, por exemplo, atua no setor da siderurgia e metalurgia, sendo dependente, portanto, de matérias-primas que são consideradas *commodities*, como o manganês, o fósforo e o minério de ferro. Como o aço produzido pela Usiminas é basicamente usado na construção civil, a empresa é altamente suscetível aos ciclos do mercado nacional e internacional.

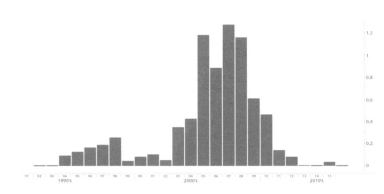

Os dividendos pagos por ação da Usiminas no mesmo período. [fonte: Economatica]

Assim como a Usiminas, a construtora Cyrela tem suas receitas anuais diretamente relacionadas com os ciclos da economia

47

brasileira, especialmente no que tange ao mercado imobiliário. O gráfico que mostra a evolução de seus resultados é um reflexo do que ocorreu no Brasil desde a virada do século 21.

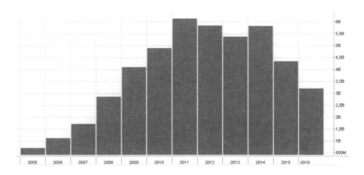

A evolução da receita da construtora Cyrela espelha o que foi o ciclo imobiliário no Brasil no começo do século 21. [fonte: Economatica]

Os números, ainda tímidos em 2005, tiveram um crescimento exponencial até 2011, no auge do ciclo da construção civil. Os números vieram caindo lentamente desde então, sendo interrompidos em 2014, em função das eleições presidenciais, quando o governo distribuiu incentivos para o setor.

Porém, em 2015 e 2016 a queda da receita da Cyrela foi acentuada, demonstrando a gravidade da recessão que mergulhou o Brasil numa crise que somente em 2017 deu sinais de arrefecimento.

IV
MITOS

"Uma mentira repetida mil vezes torna-se verdade."

- Joseph Goebbels

Existem vários mitos que cercam o mercado de capitais, afastando as pessoas físicas dos investimentos em Bolsa de Valores. Dizem por aí que investir em Bolsa é muito arriscado e que, portanto, é uma atividade restrita a especialistas, quando na verdade qualquer sujeito economicamente ativo, em dia com suas finanças e faculdades mentais, pode ingressar no mercado financeiro.

Outros bradam que é preciso ser rico para investir na Bolsa: uma afirmação que não tem sustentação na realidade, pois com a Bolsa muita gente consegue atingir a independência financeira.

Um terceiro mito se refere ao comportamento dos capitalistas que, segundo o que é professado inclusive nas escolas secundárias, não se importam com os outros. Só não explicam a razão pela qual os principais investidores do planeta se tornaram também os maiores filantropos da história recente.

Quem vence a barreira de tais dogmas para ingressar na Bolsa adentra numa segunda camada de mitos, alimentada pela maioria dos investidores que assumem o comportamento especulativo do lema "comprar na baixa e vender na alta".

Na ânsia do enriquecimento rápido, os especuladores não consideram as práticas de investimento de longo prazo. Consequentemente, eles não são adeptos do *buy and hold* e muito menos da estratégia dos dividendos que, segundo eles, não funciona, de modo que uma série de conceitos sem fundamentos é propagada a respeito dela.

Eis os mitos sobre dividendos que derrubamos a seguir:

Dividendos não crescem?

O crescimento do lucro de uma empresa nem sempre depende de reinvestimentos constantes nos negócios em que ela atua. Existem setores da economia nos quais as empresas podem alcançar lucros crescentes com pouco investimento quando conformam uma base de ativos, implantando melhorias do seu desempenho operacional.

Em termos financeiros, existe uma fórmula para expressar o crescimento dos lucros de uma empresa:

$G = ROE \times (1 - Payout)$

Onde "G" de *Growth* é taxa de crescimento do lucro; "ROE" é o retorno sobre o patrimônio líquido – em inglês: *Return On Equity* –, sendo um indicador do potencial de uma empresa em se valorizar a partir da somatória de seus ativos e passivos. Por fim, *"Payout"* reflete o quanto do lucro de uma empresa é distribuído para seus acionistas na forma de dividendos e juros sobre o capital próprio – JCP. Tanto o ROE como o *Payout* são representados em porcentagens.

Tomemos como exemplo o caso da Itaúsa, a *holding* que controla o banco Itaú, entre outras empresas altamente rentáveis, como Duratex e Elekeiroz. De acordo com seu boletim "Ações em Foco Itaúsa" relativo ao quarto trimestre de 2015, o seu *Payout* foi de 31% naquele ano. Já o ROE da Itaúsa no mesmo período foi de 16,5%. Logo:

$G = 16\% \times (1 - 31\%)$

$G = 16\% \times 0,69$

$G = 11,385\ \% \sim 11,4\%$

Payout

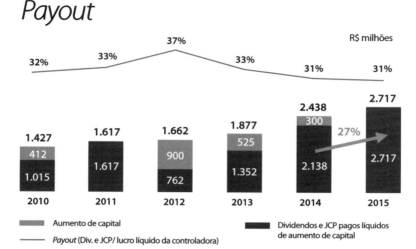

A evolução do *Payout* da Itaúsa conforme publicado em seu boletim no início de 2016.

Portanto, em condições normais de "temperatura e pressão", a taxa média de crescimento do lucro anual da Itaúsa ultrapassa os 10%. Ocorre que em renda variável existem outros fatores que podem interferir nessa taxa, que, no entanto, não deixa de ser um indicativo de aumento em potencial do *Dividend Yield* ao longo dos anos.

Isto fica comprovado nos próprios números apresentados pela Itaúsa aos seus acionistas, nos quais o *Dividend Yield* foi de 2,72% em 2010 para 4,82% em 2015. Somente em relação ao ano de 2014, a remuneração aos acionistas em 2015 aumentou 27%. Ou seja, se em cinco anos a distribuição de proventos da Itaúsa praticamente dobrou, pode-se fazer uma projeção positiva para o futuro.

Lembremos que esses dados estão referenciados na cotação da Itaúsa em 2015, que variou entre R$ 5,25 e R$ 8,08. Em outubro de 2017, a cotação da ação preferencial da empresa (ITSA4) girava em torno de R$ 11,30, proporcionando um *Dividend Yield* de 5,1%.

Dividend yield

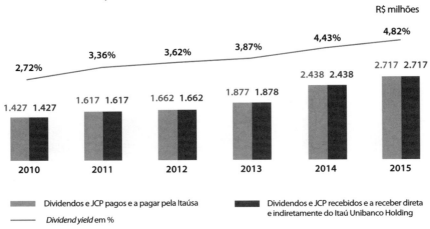

O DY da Itaúsa entre 2010 e 2015, de acordo com seu informativo referente ao quarto trimestre de 2015.

Se as projeções da taxa de crescimento do lucro combinada com a política de distribuição de dividendos forem mantidas pela Itaúsa, é plausível projetar um *Dividend Yield* de 10% em 2022, fora a valorização do papel. Uma ótima fonte de renda passiva para o proprietário de uma carteira previdenciária.

Programa de fidelidade

A Multiplus compõe uma rede de fidelidade que integra diversas empresas parceiras do porte de Ponto Frio, Ipiranga, Netshoes, Editora Abril e outras, que operam com programas de fidelidade, sendo controlada pela LATAM, que possui mais de 70% das suas ações. A Multiplus permite aos seus usuários acumular e resgatar pontos através das suas várias parcerias em diferentes segmentos do mercado.

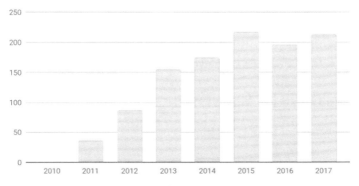

O ROE da Multiplus era inferior a 50% em 2011, mas ultrapassou a barreira dos 200% em 2015. [fonte: Economatica]

Trata-se de uma empresa que não depende de uma extensa rede de lojas físicas, dado que opera basicamente por intermédio das suas parcerias. Igualmente não depende de galpões de logística para estocar mercadorias, pois sua prestação de serviços é centrada na intermediação de transações entre clientes em empresas, por meio dos pontos acumulados.

Operando num setor da economia altamente lucrativo, que não depende de constantes reinvestimentos, a Multiplus consegue manter uma taxa elevada de *Payout* em favor de seus acionistas, próxima a 100% dos seus lucros baseados na venda de pontos e nos pontos expirados. Devido à sua ótima gestão, o ROE é um dos mais elevados das empresas com capital aberto na Bolsa de São Paulo, se aproximando de impressionantes 200%.

Considerando uma margem de segurança, podemos estimar a taxa de crescimento do lucro anual da Multiplus em torno de 10% – semelhante à taxa da Itaúsa, mesmo com o *Payout* triplicado. Neste caso, o investidor que adquiriu ações ordinárias da empresa (MPLU3) em 2017, na cotação média de R$ 40,00 com *Dividend Yield* de 8%, poderá ser beneficiado com retornos anuais superiores a 15% em meia década, somente com os proventos.

A número 1

A Ambev, Companhia de Bebidas das Américas, é uma empresa fundada a partir da fusão das duas maiores produtoras de cervejas brasileiras, a Brahma e Antarctica, por Carlos Alberto Sicupira, Jorge Paulo Lemann e Marcel Herrmann Telles, que figuram entre os principais agentes investidores e empreendedores do mercado financeiro brasileiro.

A Ambev engarrafa também refrigerantes, água, chás e sucos, dominando o mercado brasileiro e ditando a política de recebimento à vista de seus clientes, além do pagamento a prazo para seus fornecedores.

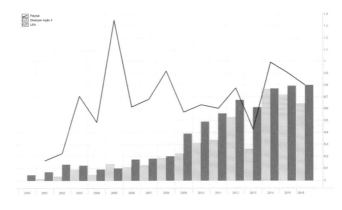

Os dividendos pagos pela Ambev quase sempre estão em consonância com os lucros por ação da empresa ao longo dos anos. [fonte: Economatica]

Depois de implantar uma extensa rede de fabricantes e um eficiente sistema de distribuição de produtos, a Ambev constituiu um fluxo de caixa que lhe permite ampliar suas receitas através do mercado financeiro, de modo que o ROE da empresa gira em torno de 25%, quando a média do *Payout* fica próxima de 80%.

Excetuando-se situações pontuais, como a adesão da empresa ao Programa Especial de Regularização Tributária, que afetou a sua margem de lucro no terceiro trimestre de 2017, a taxa de crescimento dos seus lucros é de 5% ao ano – um número excelente para o porte do negócio, pois quanto maior é uma empresa, maior será a sua dificuldade de crescer indefinidamente.

Embora a Ambev seja uma empresa cara, após mais de 15 anos de crescente distribuição de dividendos, ela foi um ótimo investimento para quem fez aportes nos primeiros anos.

Ações de dividendos não valorizam?

A recorrência do pagamento de dividendos demonstra a confiança no fluxo de caixa futuro da empresa. E uma confiança no fluxo de caixa diminui a percepção de riscos. E a menor percepção de risco amplia o valor de mercado de um empreendimento.

Por muitos anos, a ação ordinária da Souza Cruz (CRUZ3) foi considerada o melhor papel da Bolsa de São Paulo. Com ótimo histórico de pagamento de dividendos, a empresa, que atua no setor de cigarros, chegou a distribuir 97% de seu lucro, ostentando um retorno muito elevado ao longo dos anos.

Luis Stuhlberger, gestor do Fundo Verde, chegou a declarar: *"Se tivesse colocado todo o dinheiro na Souza Cruz desde o começo, tinha ganhado mais".* Não é para menos: a Souza Cruz, embora atue num setor da economia com altíssima carga tributária, enfrentando a concorrência desleal do contrabando e falsificação de cigarros, consegue ser lucrativa mesmo em tempos de crise, dado que o consumo do cigarro é um vício permitido pelas leis brasileiras.

Os fumantes não deixam de consumir o produto a despeito das dificuldades financeiras que assolam o país de tempos em tempos.

Além do mais, a Souza Cruz é dona de quase 70% do mercado nacional e não precisa apresentar um cigarro novo a cada ano, como acontece, por exemplo, com as empresas que fabricam aparelhos de telefone celular.

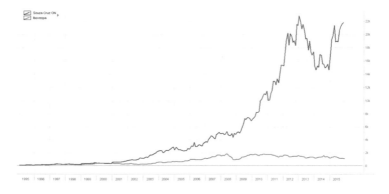

A linha superior indica o desempenho das ações ordinárias da Souza Cruz em comparação com o índice geral da Bolsa de São Paulo. [fonte: Economatica]

Infelizmente, para o investidor de perfil defensivo focado em dividendos, a Souza Cruz deixou de ser um bom negócio ao interromper a distribuição de proventos aos acionistas minoritários em 2015, após o fechamento de seu capital.

Dividendos são como renda fixa?

A distribuição de dividendos por parte das empresas não se constitui em renda fixa para os investidores que, se assim desejam planejar suas carteiras, devem considerar títulos da dívida do governo, entre outros produtos financeiros, como letras de crédito imobiliário ou agrícola.

Aqui chamamos a atenção para as empresas que atuam no setor de construção civil e engenharia, especialmente em relação à sua política de distribuição de proventos para seus acionistas.

Durante o aquecimento do mercado imobiliário na segunda metade da década de 2000 e começo da década de 2010, muitas construtoras apresentavam Balanços Patrimoniais positivos, com a indicação de lucros provenientes, frequentemente, da venda de imóveis ainda na planta.

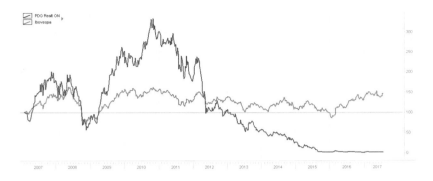

As ações ordinárias da PDG em comparação com o Ibovespa: queda acentuada de desempenho a partir de 2012. [fonte: Economatica]

Com a piora dos números em meio à maior recessão da economia brasileira a partir de 2013, várias construtoras tiveram que rever suas contas, convertendo lucros em prejuízos por causa do elevado número de distratos permitidos pelas leis brasileiras.

Os distratos ocorrem quando compradores de imóveis desistem deles antes da conclusão das obras, por falta de recursos para quitar o financiamento, ou por mera desistência, no caso de investidores que constatam que a valorização esperada dos imóveis não será confirmada.

Aqueles que, além de analisar os Balanços Patrimoniais das construtoras, tiveram a capacidade de estudar também as Demonstrações de Fluxos de Caixa saberiam que os lucros apontados nos Balanços Patrimoniais não estavam efetivamente ingressando nos caixas das empresas que, muitas vezes, recebem pela venda de imóveis meses ou anos depois da emissão do "Habite-se" de cada empreendimento.

A PDG Realty, por exemplo, em 2013 pagava bônus elevados aos seus executivos, com um truque contábil que gerou resultados de curto prazo inconsistentes com a realidade.

A contabilidade de algumas empresas permite fraude ou, no

57

mínimo, a maquiagem prévia de Balanços Patrimoniais. Se a estrutura de remuneração de seus executivos combinada com a distribuição de proventos aos acionistas for mal desenhada, os incentivos para tais fraudes aumentarão. Portanto, é preciso manter uma postura cética com relação à desorganização.

Quanto maior o dividendo, melhor?

Não se pode afirmar que, em todos os casos, quanto maior for a distribuição de dividendos por parte das empresas, melhor será a indicação de aportes para o investidor que segue a estratégia de formatar uma carteira previdenciária.

Os dividendos mais elevados são os mais perigosos, dado que podem ser pontuais ou precipitar o desarranjo dos fundamentos de uma empresa ou fundo imobiliário.

É necessário procurar por dividendos altos que também sejam seguros, que existam hoje, sejam confirmados amanhã e no longo prazo. Para tanto, é recomendável levar em conta o potencial de valorização da ação, bem como o potencial de crescimento do dividendo ao longo do tempo.

Muitas empresas distribuem dividendos aos acionistas além da capacidade de fazê-lo, o que pode levar a uma deterioração do negócio, como ocorreu com a Eternit em 2014.

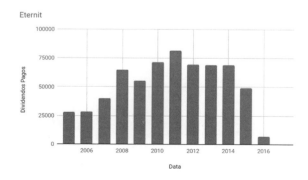

Os dividendos pagos pela Eternit entre 2005 e 2016.
[fonte: Economatica]

A empresa fabricante de telhas de fibrocimento, com uso de amianto entre seus componentes, combinou a gestão ineficiente na aquisição de operações para diversificar a gama de produtos da companhia com o aumento das dívidas para manter a distribuição de proventos.

Tiago Reis tratou da Eternit na página da Suno Research no Facebook, em dezembro de 2016:

Muitas perguntas estão sendo feitas sobre o futuro da Eternit.

Eu trabalhei em um fundo de investimentos que chegou a ser um importante acionista da empresa, e fui o primeiro a questionar sobre os caminhos perigosos que a empresa resolvia trilhar.

Isso ocorreu ainda em 2014. Na época, a empresa ainda era lucrativa e distribuía dividendos significativos, mas quem analisava seu Balanço Patrimonial já via sinais de clara deterioração, apesar da manutenção dos dividendos em patamares elevados.

Na época, analisei que a base de acionistas da Eternit atraía muitos investidores interessados em dividendos. Esses acionistas associavam a saúde financeira da empresa a seus dividendos. Se a empresa pagava dividendos, era porque estava sólida.

Eu questionava essa visão.

Na minha análise, a empresa havia investido todo o seu capital em três projetos de rentabilidade questionável: a aquisição da Tégula, uma fábrica de louças sanitárias no Nordeste e uma unidade no Amazonas.

Na época, escrevi uma carta dirigida ao Conselho de Administração, em que alertava: "Mudanças na gestão da empresa são necessárias e inevitáveis. A discussão é se os acionistas querem fazer uma mudança sem traumas hoje ou sob pressão no futuro. Não será a mesma diretoria que criou os problemas que conseguirá resolvê-los".

As mudanças não foram feitas. O futuro chegou. E a pressão financeira sobre a empresa também. Agora, as mudanças são inevitáveis.

Nesta carta eu citava dois equívocos principais da diretoria: benefícios crescentes aos diretores e investimentos de rentabilidade futura questionável.

Quem mais saiu perdendo? Os acionistas.

Mas também perdeu a diretoria, que teve seus benefícios reduzidos e sua reputação questionada, uma vez que até então a Eternit era considerada um exemplo de governança e hoje esse consenso não existe. A forte queda do preço de suas ações é evidência da perda de confiança do mercado na gestão.

Quando decisões equivocadas são tomadas, todo mundo perde.

Fundo perdido

Não são apenas as empresas que pagam altos dividendos de modo inconsistente que podem ter seus fundamentos deteriorados. Isso pode ocorrer também com os fundos imobiliários.

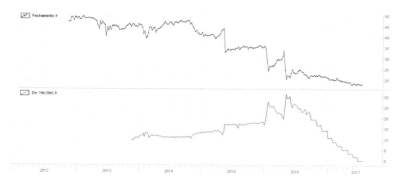

XTED11: a comparação entre fechamento das cotações
e o *Dividend Yield* do fundo imobiliário. [fonte: Economatica]

Citamos como exemplo o FII TRX Edifícios Corporativos (XTED11) constituído em setembro de 2012, com patrimônio distribuído em dois edifícios comerciais: o GT Plaza, no bairro de Santo Amaro em São Paulo, e o Atlântico Office, no centro de Macaé, cidade litorânea do Rio de Janeiro dependente dos *royalties* provenientes das operações da Petrobrás.

A Petrobrás locava as instalações de Macaé. Com o avanço das investigações da operação Lava Jato, gestores da estatal petrolífera foram indiciados pelo Ministério Público. A crise política que derrubou a presidente da República teve reflexos na diretoria da empresa, que trocou seus principais dirigentes e interrompeu diversos investimentos.

Com a operação de Macaé ameaçada, muitos investidores se desfizeram de suas cotas no FII TRX, cuja queda na cotação foi refletida no aumento significativo do *Dividend Yield* no final de 2015, atingindo 30%.

Quem atentou apenas para este aspecto, aportando no fundo imobiliário, fez um péssimo negócio, pois, com o fim do contrato de locação do edifício em Macaé com a Petrobrás, a vacância atingiu 100% do imóvel, fazendo com que o fundo TRX interrompesse a distribuição de proventos em 2017.

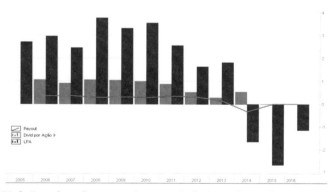

O LPA da Petrobras ficou negativo a partir de 2014, forçando a interrupção da distribuição de proventos para os acionistas, num período que coincidiu com a renovação de um mandato na presidência da República. [fonte: Economatica]

61

Dividendos não mentem?

A mesma Petrobras que desocupou as instalações do FII TRX em Macaé, teve seu nome envolvido em manchetes desabonadoras, como *"CVM manda Petrobras refazer balanços de 2013 a 2015"* – conforme publicado no site da revista *Exame* em março de 2017.

A empresa estatal, que pagava elevados dividendos para socorrer o caixa da União, havia mudado as práticas contábeis para registrar lucros que não condiziam com a sua realidade. O objetivo era mitigar os prejuízos causados pela variação cambial de sua dívida, devido à alta do dólar no período, e assim manter os dividendos elevados.

Como agravante, a Petrobras sofreu ingerência do governo federal, que, na tentativa de maquiar o cenário econômico em ano de eleições presidenciais, determinou o congelamento dos preços dos combustíveis, causando ainda mais prejuízos para a empresa.

Maior o risco, maior o retorno?

Este é um mito que já abordamos em artigo publicado pela Suno Research em julho de 2017:

A estratégia de investir em empresas que apresentam promissores dividendos apresenta menor risco do que investir em empresas em situação financeira desafiadora. Ao longo do tempo, as empresas saudáveis são vencedoras.

Em nosso primeiro relatório, explicamos o que são os dividendos e como a estratégia de investir em empresas que pagam dividendos foi o norte de renomados investidores como o nosso mentor intelectual, Luiz Barsi, e John D. Rockefeller, o homem que revolucionou a indústria do petróleo e passou seus últimos 40 anos de vida aposentado.

Gostamos desta estratégia por um motivo simples: acreditamos que ela gera maiores retornos ao longo dos anos com menor risco.

O gestor holandês de fundos conservadores Pin Van Vliet explica em seu livro High returns from low risks *(Altos retornos a partir de baixo risco) como o título do seu livro é um paradoxo e uma "verdade inconveniente" no mundo dos investimentos.*

Usualmente investidores acreditam que o risco e o retorno são inseparáveis. Maior o risco, maior o retorno.

O autor realizou pesquisas com dados de mercado de ações desde 1929 para provar que investir em ações de baixo risco gera retornos surpreendentemente altos, significativamente melhores do que aqueles gerados por ações de alto risco.

Ele apresenta essa história contraintuitiva traçando um paralelo com a fábula da tartaruga e a lebre.

Investir em ações de baixo risco funciona e continuará a funcionar, mesmo que mais pessoas tomem consciência desse paradoxo.

V
O MÉTODO BAZIN

"É perfeitamente possível viver de dividendos. Os dividendos que eu recebo garantem retirada equivalente ao salário de um presidente de empresa."

- Décio Bazin

A literatura sobre o mercado de capitais no Brasil é muito restrita, se comparada à produção anual em países da Europa e Estados Unidos. Há algumas décadas tínhamos poucos autores dedicados à cobertura das Bolsas brasileiras trabalhando nos jornais e revistas que dedicavam espaço para assuntos financeiros.

Dentre eles, Décio Bazin (1931-2003) foi um pioneiro ao publicar, em 1992, o livro *Faça fortuna com ações – antes que seja tarde*, no qual, além de explicar a ocorrência dos ciclos de mercado e sua estratégia focada em ações de empresas boas pagadoras de dividendos, compila alguns dos melhores artigos publicados por ele como colunista do jornal *Gazeta Mercantil* e da revista *Balanço Financeiro*.

Décio Bazin analisa o balanço financeiro do Banco do Brasil publicado num jornal. Em sua época a Internet não era acessível.

Bazin começou a trabalhar como bancário no Banco do Brasil. Ingressou no mercado de capitais como operador em corretoras de valores e logo passou a investir como pessoa física, reunindo a experiência necessária para se tornar colaborador da mídia impressa da época. Essas atividades não lhe remuneravam muito bem – o que era compensado pelo recebimento dos dividendos das empresas que o autor mantinha em sua carteira.

Ao todo, Bazin atuou durante três décadas na Bolsa de Valores de São Paulo, somando vinte anos como analista de mercado no jornalismo. Não por acaso, seu livro é indicado por Luiz Barsi Filho, um dos maiores investidores pessoa física do Brasil, para quem estiver interessado em ingressar no ambiente da Bolsa.

Os agentes do mercado

Em seu livro *Faça fortuna com ações* Bazin identifica cinco personagens que atuam no mercado de capitais. Ele descreve tais agentes usando letras maiúsculas.

Os **Manipuladores** são *"os maestros do Mercado"*. Embora sejam poucos e inacessíveis, ao invés de competirem uns com os outros, eles são propensos a fazer composições para puxar e derrubar preços das ações de maneira velada, com vistas a aumentarem suas riquezas.

Para eles, tanto faz se uma empresa dá lucro ou prejuízo, pois a única realidade concreta é que o seu papel esteja sendo negociado na Bolsa.

O **Especulador** está um grau abaixo do Manipulador, pois lhe falta capacidade financeira. Por isso os Especuladores concentram suas atividades no *Day Trade* ou nos prêmios de opções.

Derivando da figura do Especulador, Bazin retrata o **Especulador novato**, definido como uma *"figura lamentável"*, que geralmente confunde dinheiro não ganho com dinheiro perdido.

Os Especuladores, em linhas gerais, acreditam que a Bolsa é um jogo no qual só têm vez os mais rápidos e os mais espertos. Quando esses comportamentos esbarram na deslealdade, a imagem do mercado de capitais como um todo fica prejudicada no testemunho daqueles que perdem suas reservas em especulações malsucedidas.

O **Investidor Institucional** está ligado aos grandes fundos de investimento e fundos de pensões, que movimentam grandes quantias na Bolsa de Valores, respeitando protocolos de procedimento que organizam e balanceiam as referidas carteiras.

Para Bazin, o Investidor Institucional é *"aquele que fornece lenha para esquentar as caldeiras e movimentar a máquina"*.

No momento de comprar ações eles atentavam, na época retratada pelo autor, para as empresas de alimentos, cigarros e bebidas, pois eram artigos que vendiam bem mesmo quando a economia estava em crise – o que é quase uma constante na realidade brasileira.

Por outro lado, empresas que fabricavam roupas eram evitadas, em função da elevada concorrência direta e da instabilidade provocada por altas constantes de preços ao consumidor.

Dentre os personagens citados por Bazin, os Investidores Institucionais são os que mais estudam e investigam as empresas antes de efetuar aquisições de ativos, o que incluía visitas de inspeção.

Por fim, o autor apresenta o **Investidor Pessoa Física**, essa *"figura olímpica"*, segundo suas palavras. Dentre os atributos desse agente do mercado estão a aversão à especulação e o controle da vaidade: eles não precisam mostrar que são os melhores. O Investidor Pessoa Física busca a tranquilidade para si mesmo e para seus descendentes. Para ele, as altas e baixas da Bolsa *"não passam de meros acidentes de percurso"*. O que está em voga, aqui, é o longo prazo.

Ciclos de mercado

Acompanhando a evolução da Bolsa de Valores de São Paulo por tantos anos, Bazin atesta que o mercado de capitais alterna ciclos de alta e de baixa. Nos ciclos de alta a Bolsa é tomada por um sentimento generalizado de euforia por parte de diversos agentes. Os mesmos que vivem momentos de pânico nos ciclos de baixa.

De acordo com Bazin, em momentos de euforia – *Boom* – o investidor deve vender suas ações, o que no vocabulário de quem atua no mercado financeiro significa *"realizar lucros"*. Com isso, o investidor pode formar uma reserva de capital por meio de aplicações de renda fixa.

A reserva acumulada será usada pelo investidor quando identificar que o mercado financeiro ingressou num ciclo de baixa. Nos momentos de pânico – *Crash* –, o investidor de fato sai da toca para aproveitar as oportunidades que surgirem na Bolsa, de ótimos ativos que paguem dividendos em melhores condições.

Há uma frase de Décio Bazin que exemplifica essa alternância de ciclos: *"Nos Booms, despertam os genuínos investidores para a realidade de que se tornou perigoso aplicar em ações. Nos Crashes, alertam-nos para o fato de que o mercado de ações, já livre de distorções e turbulências, voltou a ser uma boa alternativa para investimentos"*.

Selecionando ações

O método proposto por Bazin para os investidores individuais respeita quatro aspectos fundamentais:

A – No momento inicial da análise a empresa em questão precisa apresentar um *dividend yield* **de, no mínimo, 6%**. Em outras palavras, o valor da cotação da ação não deve superar em 16,67 vezes o valor da somatória dos proventos por ação distribuídos nos últimos doze meses.

No primeiro capítulo já citamos o exemplo da AES Tietê, cuja cotação da ação preferencial (TIET4) fechou em R$ 2,88 em 21 de setembro de 2017. A soma dos proventos na forma de dividendos e JCP dos doze meses anteriores resultou em R$ 0,2175 por ação – um DY de 7,55%. Porém, a divisão de 2,88 por 0,2175 resulta em 13,24 – um valor abaixo de 16,67.

B – A empresa não deve apresentar endividamento excessivo ou quaisquer outros dados suspeitos. Neste caso, a AES Tietê não apresenta uma condição muito confortável, pois a sua relação entre dívida bruta total, que inclui as debêntures, e patrimônio líquido resulta em 1,48. Ou seja: a AES Tietê deve mais do que-vale.

Em termos comparativos, a Taesa, que também atua no setor de energia elétrica, tem uma relação entre dívida bruta e patrimônio líquido menor, de apenas 0,81. A Taesa, portanto, deve menos do que o seu próprio valor intrínseco, ao passo que seu DY é maior para o mesmo período de análise: 7,9%.

C – Em caso de **notícias negativas** a respeito da empresa, que possam afetar o seu resultado diretamente, o investidor deve se desfazer de sua posição imediatamente, o que significa **vender todas as suas ações**.

Um exemplo recente na história do Brasil envolve a ingerência do governo federal no preço dos combustíveis para os consumidores, num período de pressão inflacionária. O controle artificial dos preços, especialmente do litro da gasolina e do óleo diesel, prejudicou o desempenho da Petrobras, que, a despeito de ser a controladora do mercado brasileiro, passou a operar com sucessivos prejuízos, a ponto de interromper o pagamento dos dividendos.

D – Finalmente, o investidor que analisa uma empresa deve verificar a sua **consistência na distribuição de dividendos**. Não basta que o DY seja superior a 6% se a distribuição dos proventos for um caso isolado no histórico da empresa.

A Comgás – Companhia de Gás de São Paulo (CGAS5) – tem um DY considerável de 8,2% aferido em setembro de 2017. No entanto, analisando o histórico de distribuição de proventos, veremos que não há uma constância nos valores e que só recentemente a empresa começou a pagar proventos atrativos.

Em 2016 houve um pico de distribuição: R$ 11,8195. Em 2015 foram pagos R$ 5,6592 por ação. Mas em 2014 foram distribuídos apenas R$ 1,717 – número superior a 2013, quando somente R$ 1,0107 foram entregues aos acionistas por ação. Nos anos anteriores, os números não eram animadores. Em 2012, por exemplo, foram apenas R$ 1,7912 por ação.

Ferramenta útil para pesquisa de dados

O site www.fundamentus.com.br, já mencionado anteriormente, oferece um serviço gratuito (até o momento da publicação deste livro) para o investidor individual coletar indicadores para análises fundamentalistas das empresas. Atualizado a cada fechamento de pregão eletrônico da Bolsa de São Paulo, o portal reúne uma série de dados sobre as empresas de capital aberto.

Para o investidor de longo prazo que deseje operar de acordo com o método proposto por Bazin, esse site é muito útil.

Nessa página é possível, por exemplo, acessar uma seção denominada "Busca avançada por empresa", no canto superior direito da tela. Há um campo específico para estudar o *dividend yield*, onde se pode colocar o valor mínimo de 6% usando o valor decimal de 0.06.

Após clicar em "BUSCAR" no rodapé da página, aparece uma lista de empresas que ostentam o DY mínimo de 6%. Ainda será possível ordenar os valores de forma crescente ou decrescente.

Em seguida, o investidor poderá estudar a ordem crescente ou decrescente do indicador da relação entre dívida bruta total e patrimônio líquido (Dív.Brut/Patrim.), de modo a respeitar o segundo ponto do método de Bazin.

O campo para busca avançada do site Fundamentus fica no canto direito superior da página.

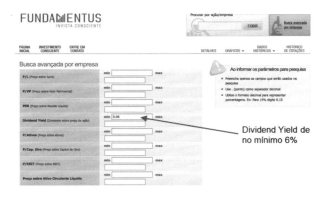

Para pesquisar empresas com um DY mínimo de 6%, basta digitar "0.06" na linha específica desse indicador.

Resultado da busca

Papel	Cotação	P/L	P/VP	PSR	Div.Yield	P/Ativo	P/Cap.Giro	P/EBIT	P/Atv Circ.Liq	EV/EBIT	Mrg Ebit	Mrg. Líq.	Líq. Corr.	ROIC	ROE	Líq.2meses	Patrim. Líq	Div.Brut/ Patrim.	Cresc. Rec.5a
LFFE4	3,89	-4,91	4,08	0,000	12,34%	3,599	0,00	-26,50	0,00	-23,11	0,00%	0,00%	0,00	0,00%	-83,10%	2.888,33	51.892.000,00	0,00	0,00%
HBTS5	7,51	-4,69	0,15	1,428	7,15%	0,053	-1,86	-1,59	-0,09	-3,20	-89,94%	-30,54%	0,62	-3,38%	-3,20%	71,52	457.686.000,00	0,16	-12,39%
MSPA4	41,68	-4,05	0,30	1,779	18,07%	0,167	1,39	-70,27	-0,69	-67,17	-2,53%	-43,98%	2,66	-0,25%	-7,32%	198,46	901.296.000,00	0,04	21,77%
MSPA3	35,00	-3,40	0,25	1,494	19,54%	0,140	1,16	-59,01	-0,58	-55,90	-2,53%	-43,98%	2,66	-0,25%	-7,32%	650,45	901.296.000,00	0,04	21,77%
LFFE3	2,51	-3,17	2,63	0,000	19,12%	2,322	0,00	-17,10	0,00	-13,71	0,00%	0,00%	0,00	0,00%	-83,10%	2.489,79	51.892.000,00	0,00	0,00%
RPAD5	4,90	0,00	0,00	0,000	9,16%	0,000	0,00	0,00	0,00	0,00	0,00%	0,00%	0,00	0,00%	0,00%	1.436,21	0,00	0,00	0,00%
CSAB3	47,00	0,00	0,00	0,000	16,41%	0,000	0,00	0,00	0,00	0,00	0,00%	0,00%	0,00	0,00%	0,00%	111,91	0,00	0,00	0,00%
EEEL4	115,00	1,18	0,50	0,568	12,74%	0,262	17,78	0,84	-0,71	0,93	67,32%	47,84%	1,18	33,18%	42,04%	1.088,07	2.245.930.000,00	0,13	16,98%
EEEL3	135,00	1,38	0,58	0,667	9,86%	0,308	20,87	0,99	-0,83	1,08	67,32%	47,84%	1,18	33,18%	42,04%	1.583,33	2.245.930.000,00	0,13	16,98%
ELET6	16,94	2,63	0,50	0,364	10,01%	0,136	24,62	1,17	-0,24	3,08	31,20%	13,96%	1,04	13,17%	19,11%	31.167.300,00	45.619.600.000,00	1,03	11,63%
BNBR3	25,50	3,46	0,64	0,000	8,02%	0,000	0,00	0,00	0,00	0,00	0,00%	0,00%	0,00	0,00%	18,55%	9.161,67	3.430.790.000,00	0,00	2,63%
BSLI4	22,04	3,99	0,68	0,000	13,49%	0,000	0,00	0,00	0,00	0,00	0,00%	0,00%	0,00	0,00%	17,08%	366,86	1.174.160.000,00	0,00	29,47%
BPAC3	5,10	4,25	0,76	0,000	12,48%	0,000	0,00	0,00	0,00	0,00	0,00%	0,00%	0,00	0,00%	17,90%	22,55	18.283.400.000,00	0,00	17,74%
CPLE3	21,19	4,69	0,38	0,435	8,33%	0,187	-4,90	2,49	-0,53	5,80	17,50%	9,22%	0,80	8,11%	8,09%	2.674.000,00	15.280.600.000,00	0,58	11,96%
BRGE11	3,85	5,10	0,27	10,055	7,81%	0,087	0,50	-0,61	1,45	2,72	-1.650,66%	311,07%	1,42	-26,95%	5,29%	45,83	1.052.190.000,00	0,00	-0,15%
CPLE6	26,30	5,83	0,47	0,540	7,39%	0,232	-6,08	3,09	-0,66	6,40	17,50%	9,22%	0,80	8,11%	8,09%	19.625.300,00	15.280.600.000,00	0,58	11,96%
PEAB4	31,51	5,95	0,78	1,264	10,02%	0,623	1,98	13,71	2,78	7,33	9,22%	21,24%	3,80	6,65%	13,18%	75,02	516.138.000,00	0,00	10,93%
BGIP4	27,50	6,14	1,22	0,000	13,20%	0,000	0,00	0,00	0,00	0,00	0,00%	0,00%	0,00	0,00%	19,91%	14.922,50	343.751.000,00	0,00	-0,32%
BGIP3	29,23	6,53	1,30	0,000	11,29%	0,000	0,00	0,00	0,00	0,00	0,00%	0,00%	0,00	0,00%	19,91%	724,79	343.751.000,00	0,00	-0,32%
BRIV4	6,27	6,70	0,41	0,000	7,88%	0,000	0,00	0,00	0,00	0,00	0,00%	0,00%	0,00	0,00%	6,07%	7.764,17	1.371.930.000,00	0,00	-21,15%

A lista de empresas com DY mínimo de 6% é variável conforme a data da pesquisa no Fundamentus.

Clicando sobre um papel específico, na primeira coluna da esquerda da planilha o analista acessará os detalhes da empresa em questão, podendo colher os dados históricos sobre a distribuição de proventos num campo específico, disponível na barra superior da página, ao lado do campo que apresenta o histórico das cotações.

Faltará analisar o histórico de notícias envolvendo a empresa escolhida. Nesse caso, uma pesquisa através do Google, Bing ou outro buscador de porte completará o serviço.

Antes do advento da Internet, o trabalho de analisar os fundamentos das empresas era bem mais complicado e dependia da publicação dos balanços financeiros em jornais e revistas de grande circulação, sem um serviço de agrupamento de dados tão prático e eficiente como o que encontramos atualmente.

VI
O MÉTODO BARSI

"Examine bem os fundamentos da empresa e conheça-a bem. Veja o histórico de dividendos, sua saúde financeira, a perspectiva daquele setor, o comprometimento do gestor. Seja chato."

- Luiz Barsi Filho

No Brasil há uma cultura em desenvolvimento a respeito da carreira no funcionalismo público. Muitos jovens estão sendo incentivados a estudar com afinco para buscar aprovação num concurso público, de preferência federal. O objetivo de muitos é se tornarem funcionários públicos numa atividade que remunere acima da média e garanta uma aposentadoria com alguns privilégios.

Paralelamente, ainda persiste o perfil daqueles que perseguem a melhor formação universitária possível, com especializações e cursos de pós-graduação que favoreçam os profissionais na escalada de cargos em grandes empresas da iniciativa privada. São pessoas que almejam salários maiores para usufruir de um padrão de vida mais alto.

Em contraposição aos conceitos anteriores, temos a trajetória de Luiz Barsi Filho, paulistano nascido em 10 de março de 1939 – um dos maiores investidores na condição de pessoa física na Bolsa de Valores de São Paulo, com um capital amealhado superior a um bilhão de reais.

Estudar seus primeiros passos é um alento para quem não desfruta de um emprego com supersalário nem possui negócios de alta lucratividade. Embora tenha formação técnica em Estrutura e Análise de Balanços e graduação universitária em Economia e Direito, Barsi nunca teve um emprego que lhe rendesse somas vultosas.

Luiz Barsi em seu escritório, durante entrevista para o canal da Suno Research no YouTube.

Vejamos: nos primeiros anos de sua carreira, ele foi professor de escola técnica, trabalhou num escritório de contabilidade, foi analista de corretora de valores e por mais de 15 anos colaborou com o jornal *Diário Popular*, escrevendo uma coluna sobre o mercado financeiro. Isoladamente, esses ofícios não seriam suficientes para deixar qualquer pessoa rica, e milhões de brasileiros se encontram em situação semelhante.

Então, como Barsi conseguiu juntar tanto dinheiro? Simples: ele investiu suas economias no mercado de capitais, com uma estratégia bem definida sobre obter renda passiva através dos dividendos das empresas das quais foi se tornando parceiro ao longo dos anos, a ponto de se tornar consultor econômico e financeiro independente, e de ingressar nos Conselhos de Administração de empresas como Eternit e Unipar Carbocloro.

Ações garantem o futuro

Em 1975, Barsi chefiava o departamento de análises da corretora de valores Barros Jordão, sendo responsável pela publicação de um estudo conhecido como "Ações garantem o futuro", no qual apresentava os fundamentos da CESP – Companhia Energética de São Paulo – como boa pagadora de dividendos.

Enquanto o mote *"compre na baixa e venda na alta"* reinava nos pregões presenciais da Bolsa de São Paulo, Barsi já defendia outra postura em relação aos investimentos, numa aversão ao comportamento especulativo, do qual as ações da CESP passavam ao largo.

Em seu estudo, Barsi relatou os ótimos números no histórico de distribuições de proventos da CESP, na casa dos 16% ao ano sobre o valor aportado no papel. Numa projeção futura ele considerou, por margem de segurança, um *Dividend Yield* mais baixo, de apenas 10%. E, ainda assim, num prazo de cinco anos de aportes mensais sistemáticos de valores acessíveis, com reinvestimento dos proventos, o investidor de longo prazo teria a possibilidade de interromper esses aportes convencionais, passando a reaplicar tão somente os proventos e ainda tendo a possibilidade de extrair deles renda passiva complementar.

O que poderia ser apenas uma teoria na época tornou-se fato comprovado pelo próprio Barsi, por ter seguido sua estratégia nada secreta, através dos atributos que ele divulga sempre que indagado nos meios de comunicação.

Ensinamentos de Luiz Barsi

Seja através de vídeos para o YouTube, entrevistas para portais da Internet especializados em finanças ou nas cartas semanais publicadas pela Suno Research entre 2016 e 2017, Barsi é coerente ao expor os atributos que considera essenciais para investidores de sucesso no longo prazo. A seguir, descrevemos esses atributos.

Talvez a primeira qualidade exigida para aqueles que desejam seguir carreira como investidores na Bolsa seja a **disciplina**. Somente alguém disciplinado consegue gastar menos do que ganha, pois a disciplina ajuda na organização e no controle das despesas, dado que existem despesas evitáveis e contornáveis.

Pessoas disciplinadas conseguem conter compras impulsivas e dimensionar melhor as necessidades do quotidiano, de modo a fazer sobrar dinheiro no fim do mês, não importando o montante da renda. A disciplina também é necessária para manter os aportes mensais, seja em renda variável quando existem oportunidades, seja em renda fixa quando o mercado de capitais está caro.

Portanto, junto da disciplina, o investidor precisa ter **paciência**, pois não é sempre que existem ativos baratos disponíveis no balcão eletrônico da nova B3, que substituiu a BOVESPA. Os resultados dos investimentos podem demorar até alcançar um volume considerável, mas o investidor deve resistir à tentação de sacar os recursos, especialmente se for para comprar artigos de luxo ou de marcas famosas.

Neste sentido, Barsi recomenda que o investidor **não seja um patrocinador** de bens de consumo. É notória sua predileção por carros de preços modestos que entregam as mesmas funções essenciais de carros de marcas famosas. Ao invés de comprar um carro alemão da Porsche por 500 mil reais, Barsi é capaz de comprar um carro chinês da Chery por menos de um quinto desse valor.

Para Barsi, quem compra um Porsche é um patrocinador da marca, antes de ser um motorista que precisa se locomover de um lugar para outro.

Barsi recomenda também que as pessoas atuem com **racionalidade em momentos de stress** no mercado de capitais. Quando as cotações das ações caem, isto não significa necessariamente que as empresas estejam perdendo o seu valor intrínseco, que é o valor não sujeito a movimentos de especulação.

Ao contrário, quando empresas sólidas e boas pagadoras de dividendos são atingidas por crises generalizadas no mercado de capitais, oferecem as oportunidades para os investidores conscientes realizarem seus aportes.

Essas oportunidades cessam quando o mercado financeiro está muito aquecido e quando os especuladores estão comprando ações num movimento de manada. Nesses momentos, é o capital de Barsi que está em crise, pois os ativos ficam caros demais.

Independente do ciclo de alta ou de baixa que toma conta do mercado de capitais, os investidores de longo prazo devem constantemente estudar as empresas que lhes interessam. Em que setor da economia essas empresas atuam? Qual a margem de lucro delas? Elas estão em crescimento? Quem são os seus gestores? Quais são os seus projetos? As dívidas estão controladas?

Acima de tudo, quem investe pelo método de Barsi deve **focar em empresas boas pagadoras de dividendos**. De outro modo, não se configura a relação de parceria entre o investidor e a empresa, na qual o investidor ajuda a reforçar o valor de mercado da empresa e esta lhe remunera de tempos em tempos com proventos.

Não por acaso, Barsi sempre cita a figura do **investidor parceiro**, que, após estudar seriamente uma empresa, realiza aportes com intenção de permanecer por tempo indeterminado com o ativo em sua carteira.

Uma forma de obter informações complementares sobre uma empresa, ou mesmo opiniões diversas sobre os ativos, é estabelecer uma rede de contatos com outros investidores – um termo que em inglês é conhecido como *network*. Nas interações com outras pessoas que nutrem interesses semelhantes, sempre surge um ponto de vista ou algum aspecto que antes estava ignorado, auxiliando nas tomadas de decisões.

Diversificação

Para compreender como Barsi faz a diversificação de sua carteira de investimentos, podemos recorrer ao seu histórico de aquisições no ano de 2016, iniciado com aportes no **Banco do Brasil** quando a cotação de sua ação ordinária estava abaixo de R$ 13,00 em janeiro, após ter atingido um pico de R$ 26,00 em setembro de 2014.

O Banco do Brasil, embora seja uma empresa estatal, tem sua gestão orientada por princípios da iniciativa privada, o que o faz concorrer com grandes agentes do setor como Santander, Itaú e Bradesco, mantendo um histórico de pagamentos de proventos comprovado.

Em setembro de 2017 a cotação do Banco do Brasil estava próxima dos R$ 35,00 – um novo pico –, com um *Dividend Yield* de 2,4%. O que significa que aqueles que compraram ações por R$1.300,00 por lote de 100 ações estarão recebendo proventos na ordem de 6,46% dos valores aportados.

Quando as ações do Banco do Brasil deixaram de ser atrativas, Barsi passou a comprar os papéis da **Vale** com preços descontados de aproximadamente R$ 12,00 por ação, após valer menos de R$ 7,00 em fevereiro de 2016. Embora a Vale atue no setor de minerais metálicos, basicamente com *commodities* sujeitas ao humor do mercado internacional, ela tem o porte de uma empresa fortaleza, com pouca concorrência direta, além de sólido histórico de distribuição de dividendos e JCP.

Em setembro de 2017 a cotação da ação preferencial da Vale atingiu o valor aproximado de R$ 29,50, com um *Dividend Yield* de 3,6%. Ou seja, quem comprou a ação por R$ 12,00 espera um DY de 8,85% – o que, num momento de inflação controlada, é um ótimo retorno. Melhor para quem comprou a R$ 7,00, pois terá um DY de 15,17% – por si só a média de retorno anual que o megainvestidor norte-americano Walter Schloss conseguiu em sua carreira.

A cotação da Vale subiu rapidamente em 2016 e Barsi passou a comprar os papéis da **Taesa** a R$ 18,00. A Taesa opera com transmissão de energia elétrica para as distribuidoras finais, sem estar sujeita a calotes como estas e sem lidar com estoques, dado que a origem da energia é responsabilidade das geradoras.

Operando com margens de lucro previsíveis, a Taesa é uma ótima pagadora de dividendos.

A cotação das ações *units* da Taesa fechou setembro de 2017 em R$ 22,25, apresentando um ótimo DY de 8%, mas para Barsi o *Dividend Yield* será de 9,89%.

O ano de 2016 se encerrou com Barsi comprando ações da **Wiz** – antiga Par Corretora de Seguros –, uma empresa que opera nas instalações das agências da Caixa Econômica Federal, recebendo comissões das seguradoras pelos negócios fechados com clientes do banco estatal.

Em dezembro de 2016 a Wiz estava cotada a R$ 12,00, fechando setembro de 2017 em R$ 17,20, com um DY de 2,8%. Para quem comprou o papel a R$ 12,00, a relação sobe para 4% – uma taxa que neste caso ficou longe do excepcional, mas que empata com o retorno típico de aluguéis de imóveis, sem envolver o trabalho necessário para a manutenção desses imóveis. Além disso, o papel valorizou mais de 40% em menos de um ano.

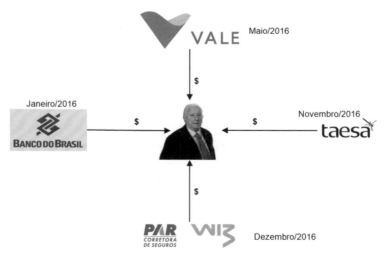

A diversificação dos aportes de Barsi durante o ano de 2016.

Portanto, no ano de 2016, Barsi direcionou seus recursos para ações de quatro empresas diferentes, em momentos distintos, quando se mostraram ser boas oportunidades. Ao invés de pulverizar seus aportes em empresas diferentes, ele concentrou as compras em uma empresa por vez. Para Barsi, a diversificação vem ao longo do tempo.

Regras fundamentais

De acordo com Luiz Barsi, existem três regras básicas que o investidor consciente deve seguir para trilhar uma jornada de sucesso no mercado financeiro.

A primeira é que você deve **investir apenas o que não vai precisar no curto prazo**. Se você está economizando para trocar de carro, viajar para o exterior ou reformar um imóvel, por exemplo, esses valores não devem ser aportados em renda variável. Deixe-os em aplicações de renda fixa com previsão de resgate para realizar o que foi programado. Leve para o mercado de capitais apenas a parte do dinheiro economizado com vistas ao longo prazo.

Barsi também recomenda que você **nunca compre uma dica**. A decisão final para investir em determinada empresa deve ser exclusivamente sua, baseada nos estudos que você efetuou. É válido consultar casas independentes de pesquisas em investimentos financeiros, conversar com amigos investidores, ler jornais e revistas especializados no assunto. Porém, a decisão final é sua. Ninguém pode ser cobrado por um investimento que você fez, por melhores que sejam as intenções de ajudar.

Por fim, Barsi recomenda para o investidor **nunca vender por necessidade**. Esta seria uma decorrência da quebra da primeira regra. Ao vender ações para sanar eventuais dívidas ou despesas de emergência, o investidor prejudica o processo de acumulação de capital, com reflexos negativos que serão sentidos por tempo indeterminado. Portanto, o investidor deve ter uma reserva para situações imprevistas, além do dinheiro destinado para a carteira previdenciária.

Como selecionar ações

Barsi escolhe ser parceiro de grandes empresas por dois modos, embora sempre considerando os seus fundamentos. A preferência recai sobre empresas sólidas, que pagam dividendos com recorrência e operam com baixo endividamento, em função de estarem bem estabelecidas em seus campos de atuação, como é o exemplo da Taesa e da AES Tietê, que são grandes *players* do setor de energia.

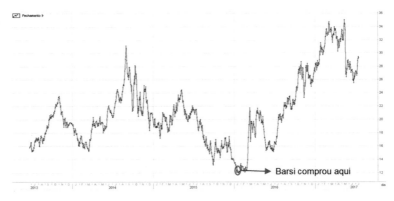

Histórico com a evolução das cotações das ações do Banco do Brasil entre julho de 2013 e julho de 2017. [fonte: Economatica]

Porém, Barsi também acompanha empresas que tenham um histórico positivo, de fundamentos acima de qualquer questionamento, mas que estão sujeitas a movimentos especulativos que geram grande volatilidade na Bolsa, eventualmente derrubando o valor de mercado das empresas sem que estas percam o seu valor intrínseco.

Nesse caso, as oportunidades se revelam com as quedas acentuadas no preço das ações. É o caso do Banco do Brasil, da Vale e da

Klabin, que, apesar do porte de primeira grandeza no mercado financeiro brasileiro, já passaram por fortes desvalorizações refletidas em baixas cotações momentâneas, dado que o valor de mercado tende a se equiparar ao valor intrínseco no longo prazo.

A carteira de Barsi está distribuída em empresas que atuam em setores perenes de atividade, que são os setores da economia essenciais para o desenvolvimento e manutenção das atividades humanas, como o de papel e celulose, o bancário e o energético tripartido em geração, transmissão e distribuição de energia.

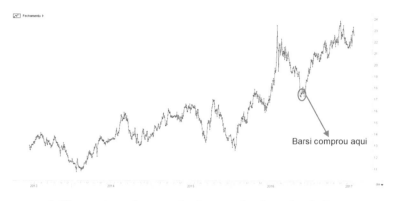

Gráfico mostra o desempenho das cotações das ações da Taesa entre julho de 2013 e julho de 2017. [fonte: Economatica]

Por exemplo, a Klabin fornece papelão para embalagens de produtos de outras empresas. O Santander tem uma das maiores redes bancárias do Brasil, atendendo a milhões de clientes. A Ultrapar atua na distribuição de combustíveis através da Ipiranga e da Ultragaz: gasolina, óleo diesel e etanol para milhões de veículos, e gás de cozinha para milhões de residências e milhares de restaurantes.

Barsi recomenda que as pessoas criem o hábito de investir. Mesmo quem dispõe de poucos recursos no início da jornada, pode começar investindo em boas empresas que geram bons dividendos, sempre aguardando boas oportunidades. Um princípio que não difere para quem já alcançou a independência financeira.

Os investimentos recorrentes em empresas que apresentam bons históricos de distribuição de proventos lembram o método proposto por Décio Bazin em seu livro *Faça fortuna com ações – antes que seja tarde*. Porém, diferentemente de Bazin, Barsi não se desfaz de seus papéis, mesmo em caso de valorizações elevadas.

O investidor parceiro

Barsi se interessa primordialmente pelo crescimento da renda passiva, independentemente das oscilações que as cotações das ações de sua carteira possam apresentar. Diferentemente dos especuladores que atentam somente para a expectativa de valorização dos papéis para venda em curto prazo, Barsi age como investidor com a visão de parceria com as empresas analisadas.

O investidor parceiro é aquele que realmente se sente sócio da empresa. Nessa relação duradoura, não importa se o valor de mercado for derrubado por crises internas e externas. Se os fundamentos da empresa estiverem preservados, a parceria com ela continuará, pouco importando se o mercado atravessa um ciclo de alta, refletindo um valor de mercado acima do valor intrínseco da empresa. Lembrando que o valor intrínseco é o valor real da companhia, não afetado pela volatilidade do mercado financeiro.

O investidor parceiro não compra ações pensando na expectativa da valorização da cotação: ele investe em obtenção de renda passiva.

A boca do jacaré

Uma das analogias mais conhecidas de Barsi se refere à boca do jacaré. O jacaré fica de boca aberta esperando que os passarinhos venham buscar comida nas imediações. A boca se fecha quando os passarinhos se acomodam nas suas papilas gustativas.

Assim deve se comportar o investidor de longo prazo que tem foco em renda passiva através dos dividendos ofertados pelas empresas. Ele atua para compor reservas de capital, aguardando oportunidades nos mercados de capitais para comprar ações de empresas bem fundamentadas com descontos elevados.

E as oportunidades, no mercado financeiro, sempre aparecem. É questão de tempo e paciência.

VII
DIVERSIFICAÇÃO

"A diversificação é um dos pilares do investimento conservador."

- Benjamin Graham

É senso comum que concentrar investimentos em poucos ativos é muito arriscado, considerando que mesmo os analistas de mercado mais experientes não têm a capacidade de prever o futuro e que, mesmo se baseando em referências de ótimos resultados no histórico de determinada empresa, não há garantias absolutas da manutenção de seu sucesso.

De acordo com reportagem publicada pela revista *Exame* em fevereiro de 2014, a ação da BOVESPA que mais se valorizou nos vinte anos anteriores foi a da Guararapes (GUAR3), empresa que atua no setor de tecidos, vestuário e calçados. Descontando a inflação, a valorização de suas ações, somada com a distribuição de dividendos, atingiu 1.806,08% nesse período.

Ironicamente, a empresa campeã da Bolsa de São Paulo nesse período atua num setor pouco recomendado por investidores de longo prazo.

Muitos investidores apostaram na então promissora OGX do carismático Eike Batista, por atuar no setor de petróleo, gás e biocombustíveis. As ações negociadas sob o código OGXP3 foram lançadas em junho de 2008 ao preço unitário de R$ 1.218,00 e chegaram a valer mais de R$ 2.300,00 em outubro de 2010. Em fevereiro de 2014, quando a reportagem da revista *Exame* foi publicada, a ação da OGX havia caído para módicos R$ 30,00. O fundo do poço parece não ter sido atingido: em setembro de 2017 a ação fechou valendo menos de R$ 5,00.

Ou seja: quem concentrou os investimentos em Guararapes só teve motivos para sorrir. Porém, o pesadelo ganhou contornos de uma triste realidade para quem, inadvertidamente, apostou suas fichas na OGX. Se alguém distribuiu os investimentos entre as duas empresas de modo equitativo, ainda assim teve razões para comemorar, pois o fracasso da segunda foi compensado pelo sucesso da primeira.

O investidor focado em dividendos, no entanto, nunca teria comprado ações da OGX, que jamais distribuiu proventos consideráveis – o que a Guararapes faz com frequência desde 1996.

Quantos ativos uma carteira balanceada deve ter?

Diversificar aportes em empresas que atuam em setores distintos é uma premissa para o investidor conservador focado em dividendos, que dispõe também dos fundos imobiliários e das ações estrangeiras para tanto. O desafio é encontrar o número ideal de ativos que diminua o risco do mercado como um todo, sem diminuir o retorno que compense o investimento total.

O risco sistemático é o mesmo para todas as carteiras – é o risco do mercado como um todo. O risco diversificável é maior ou menor, dependendo do número de ações presentes na carteira do investidor: quanto maior o número de ações, menor será o risco; e quanto menor o número de ações, maior será o risco.

No entanto, chega um ponto no qual o número de ações já é alto o suficiente e o risco diminui muito pouco com a compra de novos ativos, sejam as cotas de fundos imobiliários ou as ações das melhores empresas.

Saber diversificar na Bolsa de Valores é encontrar a razão que combina a diminuição de riscos com a preservação dos rendimentos e o conhecimento sobre as empresas investidas. Não há uma receita mais eficiente, mas diferentes abordagens de sucesso, que inclusive foram mencionadas num artigo publicado pela Suno Research em junho de 2017 e reproduzidas a seguir:

Benjamin Graham e seus discípulos

O guru do Value Investing, Benjamin Graham, preconizava que uma diversificação eficiente era obtida com a carteira distribuída entre dez e trinta ativos. A carteira de ações ordinárias da Berkshire Hataway, empresa de investimentos regida por Warren Buffett e Charles Munger, teve variações fora deste intervalo ao longo dos anos: de apenas três papéis em 1987 para dez em 2003. Em 1980, no entanto, a Berkshire manteve 18 ativos em seu portfólio.

Walter Schloss, que trabalhou com Buffett na empresa de Graham na década de 1950, embora sem formação universitária, seguiu uma carreira como investidor sem acesso às fontes primárias de informação, mas pesquisando os relatórios anuais das empresas. Ele levou o critério de margem de segurança a sério e optou por encampar mais de cem ações, sempre compradas por valores de mercado abaixo dos valores intrínsecos das empresas. Obviamente, este número elevado de ativos foi atingido ao longo de décadas, através do padrão buy and hold *(comprar e abraçar).*

O mito da diversificação com 15 ações

De acordo com William J. Bernstein há um mito em torno do número ideal de ações para se atingir uma diversificação segura. O número 15 ganhou destaque em diversos estudos e publicações na imprensa especializada em finanças desde a década de 1960. Concordava-se que, com apenas 20 ações, de diferentes setores, se reduzia o risco da carteira em 70% e que adicionar novos papéis não significaria reduções consideráveis no mesmo.

No entanto, novos estudos revelam que, nas últimas décadas, a volatilidade das ações aumentou de modo significativo. Paralelamente, o retorno do investimento em cada ação foi reduzido, mantendo inalterada a noção de volatilidade do mercado como um todo. Porém, como consequência, o número de ações necessárias para reduzir os riscos dos investimentos teria aumentado.

Aqui entra em voga a Teoria Moderna do Portfólio, que busca a proteção contra riscos sistêmicos de flutuações generalizadas no mercado, analisando o desvio padrão de retorno de uma carteira, cuja diversificação deve ir além das ações do mercado de capitais, englobando também fundos diversos e títulos de renda fixa, entre outros ativos.

A diversificação pelo Modelo de Yale

David Swensen é o responsável pela gestão do fundo de investimentos da Universidade de Yale desde 1985, tendo desenvolvido o Modelo Yale com Dean Takahashi a partir da Teoria Moderna do Portfólio, proposta inicialmente por William Sharpe, John Lintner e Jack Treynor. O sucesso de sua abordagem de investimento chamou a atenção de diversos agentes do mercado financeiro.

O Modelo de Yale é conhecido também como Modelo de Doação, que é baseado na divisão de um portfólio em seis partes iguais, com cada uma delas investindo numa classe de ativos diferente, mas evitando classes de ativos com baixo retorno, como os da renda fixa e os atrelados às commodities.

Ao contrário da maioria dos investidores, que procuram ativos que tenham liquidez maior, Swensen afirma que ativos de grande liquidez estão relacionados com baixos retornos, preferindo aumentar a exposição de suas carteiras aos investimentos alternativos, incluindo os mercados emergentes, bem como as ações de empresas novas e menos conhecidas.

Swensen recomenda que o investidor reequilibre sua carteira de investimentos regularmente e que, se não estiver confortável com sua estratégia para bater o mercado, que invista em fundos indexados de baixo custo, como prega Jack Bogle, assumindo uma postura mais defensiva, uma vez que replicar o Modelo de Yale exige dedicação em tempo integral.

O método adotado por Barsi

A carteira do megainvestidor brasileiro Luiz Barsi Filho é mais parecida com a carteira da Berkshire Hataway do que com a carteira proposta por David Swensen. Como o mercado financeiro do Brasil ainda é um mercado de oportunidades, Barsi concentra sua carteira em poucas ações, com uma exposição estratégica em renda fixa – não para obter retornos significativos das aplicações bancárias de resgates imediatos, mas justamente para que este montante seja usado nos aportes sempre que uma oportunidade surgir.

Barsi recomenda ao investidor individual que concentre suas aquisições sempre na melhor ação do momento. Como as condições do mercado são variáveis, as melhores ações também mudam a cada cenário que se estabelece – quando este não está claro, o melhor a fazer é guardar o dinheiro na renda fixa. É deste modo que a diversificação se desenvolverá ao longo do tempo, como aconteceu com a carteira gerida por Walter Schloss.

Fundos Imobiliários

Os Fundos Imobiliários são entidades que administram investimentos em imóveis rentáveis e papéis ligados ao mercado imobiliário, remunerando seus cotistas com frequência maior do que as empresas que distribuem dividendos algumas vezes por ano. Em termos de renda variável, tais fundos são menos voláteis do que as empresas de capital aberto, ficando menos sujeitos aos movimentos especulativos no mercado financeiro, representando uma ótima opção de diversificação para investidores com foco em dividendos.

Os Fundos Imobiliários podem entregar uma ótima renda média passiva anual. Excluindo os fundos de baixa liquidez, é possível que o investidor obtenha um retorno médio anualizado na ordem de 7,8%. Trata-se de um resultado expressivo, pois é um rendimento real e livre da inflação.

Uma das maiores vantagens de manter FIIs – Fundos de Investimentos Imobiliários – na carteira está na renda recorrente, pois tais fundos representam o único produto no mercado que paga renda mensal com alto grau de previsibilidade, já que os administradores são obrigados a distribuir 95% dos lucros acumulados semestralmente.

Outra vantagem dos Fundos Imobiliários é que seus rendimentos mensais são isentos de IR – Imposto de Renda – para investidores na condição de pessoa física que detenham menos de 10% das cotas de determinado fundo. Isto significa um grande incentivo em comparação com produtos de renda fixa e imóveis físicos, que apresentam tributação elevada.

O investidor de FII só pagará imposto se, ao vender suas cotas, obtiver valorização, independentemente do montante da operação.

O mercado de FIIs no Brasil

Na Bolsa de Valores de São Paulo existem cerca de 130 Fundos Imobiliários listados, dos quais entre 80 e 90 ativos realizam negócios com frequência no mercado secundário. A liquidez diária em 2017 foi 10% superior à do ano anterior, com movimentações médias de 25 milhões de reais. O número de investidores nessa modalidade também está em crescimento, se aproximando de 140 mil CPFs cadastrados.

Em sua maioria, os Fundos Imobiliários já possuem diversificação interna, investindo em vários imóveis e papéis atrelados ao mercado imobiliário, de tal modo que uma carteira com 20 ativos consegue pulverizar a chance de interrupção total do fluxo mensal de renda passiva.

Além do mais, o investidor está protegido por um lastro de segurança, pois consegue receber valores mensalmente, além de poder resgatar as cotas em casos adversos.

A Suno Research já estudou alguns Fundos Imobiliários para seus leitores em agosto de 2017. A seguir, reproduzimos duas breves análises:

FII Shopping Higienópolis – SHPH11

O fundo SHPH11, que detém participação no Shopping Pátio Higienópolis, localizado em São Paulo, entregou um retorno expressivo aos seus investidores nos últimos anos.

Com receitas crescentes, uma localização privilegiada e um público fiel, além de um padrão diferenciado, o Shopping vem entregando uma performance positiva ao longo dos anos, refletindo na renda e na cotação do ativo.

O fundo SHPH11, inclusive, é uma forma de o investidor se beneficiar não apenas da valorização imobiliária e recebimento de aluguéis, mas também do crescimento da economia, do consumo e do setor de Shoppings.

Muito interessante também é perceber que o SHPH11, apesar de ser

SHPH11: os juros compostos favorecem quem reinveste
os dividendos do fundo, resultando num desempenho muito superior
ao do CDI – Certificado de Depósito Interbancário. [fonte: Economatica]

apenas um Fundo Imobiliário, que não possui a estrutura de uma empresa e nem o intuito de se expandir, com novas participações, entregou um retorno bem mais elevado que uma grande empresa do setor de Shoppings, que é o Iguatemi, que tem suas ações negociadas na Bovespa pelo código de IGTA3.

Como os FIIs possuem uma estrutura muito menos onerosa, sem funcionários, sem bônus "gordos" a serem pagos aos executivos e, principalmente, sem dívidas, que consomem drasticamente parte do fluxo de caixa das empresas de Shoppings de capital aberto para financiar seus crescimentos, o retorno absoluto acaba sendo muito mais atrativo no longo prazo.

Além disso, o fato de os FIIs distribuírem pelo menos 95% dos seus lucros torna o investimento muito atrativo para quem busca renda mensal, o que naturalmente possibilita um retorno muito elevado no longo prazo, caso a renda seja reaplicada. Já num investimento em ações do setor de Shoppings, o acionista recebe baixos dividendos e não tem esse efeito multiplicador ao seu lado.

FII Almirante Barroso – FAMB11

O FII Almirante Barroso é proprietário do imóvel Almirante Barroso, que fica localizado na Avenida Rio Branco, 174, centro do Rio de Janeiro. O imóvel atualmente é locado para a Caixa.

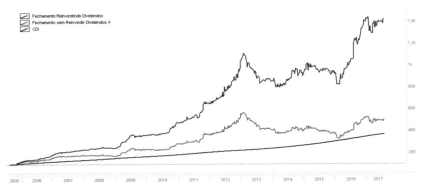

FAMB11: mesmo sem reinvestir os dividendos, o desempenho deste fundo supera o CDI, na linha inferior. [fonte: Economatica]

Esse FII talvez seja um dos que mais entregaram rentabilidade aos seus investidores desde a sua constituição, e é um grande exemplo de como os Fundos Imobiliários podem gerar retornos expressivamente altos, caso o investidor adquira as cotas a preços atrativos e reinvista todos os dividendos.

Ultimamente, o fundo vem sofrendo com desvalorizações por conta do cenário adverso do mercado imobiliário do Rio de Janeiro, e certa apreensão quanto à continuidade da Caixa no imóvel, ou mesmo em relação a uma possível redução nos preços praticados, mas, ainda assim, o retorno foi muito positivo.

Desde 2005, considerando o reinvestimento de dividendos e valorização da cota, o retorno absoluto de FAMB11 foi de cerca de 1.110%, um retorno de aproximadamente 23% ao ano, algo que parece inimaginável para um investimento "passivo" em imóveis, que visa receber rendimentos no longo prazo e obter alguma valorização.

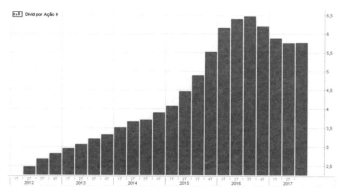

O BDR da ação da estrangeira da Procter & Gamble tem um ótimo histórico de entrega de proventos. [fonte: Economatica]

Ações estrangeiras ou BDRs

Quem deseja ampliar a diversificação de sua carteira de investimentos, com ações de empresas estrangeiras que atuam de forma global, pode agir de dois modos: habilitando-se como investidor no país sede de determinada empresa, ou por meio do BDR – *Brazilian Depositary Receipt* –, que também é conhecido como Certificado de Depósito de Valores Mobiliários – CDVM. A segunda maneira é burocraticamente mais simples.

As empresas estrangeiras com atuação global podem ser interessantes quando possuírem histórico consistente e operarem em setores de baixa volatilidade, além de estarem expostas ao PIB globalizado. Essas empresas geralmente possuem um *payout* historicamente baixo, dado que reinvestem boa parte de seus lucros num padrão consistente. Porém, mesmo as empresas mais sólidas que vêm sofrendo com quedas nos lucros continuam pagando proventos para seus acionistas, como a Procter & Gamble e o McDonald's.

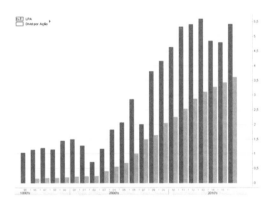

Embora o LPA do McDonald's indique algumas quedas, os dividendos pagos por ação seguem em ascensão. [fonte: Economatica]

Mesmo em momentos de crise interna, os dividendos de tais empresas internacionais não são interrompidos. Ao contrário: continuam crescendo.

Nos Estados Unidos usa-se o termo *The Dividend Aristocrats* – em português: os dividendos aristocratas –, que se refere a uma lista com as ações do índice S&P 500 que possuem mais de 25 anos consecutivos de aumento nos dividendos. Entre elas, se destacam a Coca-Cola, a Johnson & Johnson, a Pepsico e a 3M, além das já citadas Procter & Gamble e McDonald's.

VIII
INDO ALÉM DESTE LIVRO

"A educação formal irá te mostrar caminhos para se sustentar. Ser um autodidata fará você acumular fortunas."

- Jim Rohn

Se houvesse uma receita fixa para as pessoas alcançarem a independência financeira através de investimentos no mercado de capitais, haveria uma cátedra nas universidades para tanto. Tantas pessoas teriam acesso a essa receita que os resultados certamente ficariam aquém do esperado.

Aqui reside um aspecto da meritocracia que não se relaciona com diplomas de faculdades: no mercado financeiro você pode ser dentista, comerciante, médico, engenheiro ou atriz, e ainda assim ser uma pessoa investidora bem-sucedida, tanto ou mais que alguém formado em Contabilidade, Economia ou Administração de Empresas.

Não existe um Conselho Federal de Investidores da Bolsa e não há reserva de mercado. O que existe é a beleza da livre iniciativa que o capitalismo oferta para a sociedade. A iniciativa de investir depende de cada um e as variáveis atuam em seu repertório baseado em conhecimento e experiência.

Por isso, ser autodidata quando o assunto é investir em renda variável é uma premissa, não uma opção. Copiar o que grandes investidores fizeram no passado não é garantia de resultados futuros. As oportunidades que surgiram para uns não se repetem para outros. Porém, oportunidades sempre aparecem no caminho.

Portanto, interpretar os princípios dos investidores bem-sucedidos para encontrar um modo de operação autêntico na aquisição de ativos será a chave do sucesso. Para tanto, não basta ler um livro. É preciso ler vários. Não basta fazer um curso: é recomendável fazer vários. Não basta agir sozinho: é preciso se relacionar com aqueles que estão empreendendo uma jornada semelhante.

Ferramentas gratuitas

Desenvolver o senso crítico para filtrar informações é um desafio diário, que exige prática constante. Recalibrar critérios conforme o momento econômico e estabelecer parâmetros para não desperdiçar as oportunidades são atitudes dos investidores, que são igualmente autodidatas e que podem se valer de alguns recursos que apresentamos a seguir.

Fundamentus

Se o Purgatório relatado por Dante Alighieri na segunda parte da *Divina Comédia* existir, os mantenedores do site www. fundamentus.com.br não vão conhecê-lo: eles vão direto para o Paraíso. O trabalho que desenvolvem em prol de investidores individuais é sem paralelo no Brasil.

Esse site, de livre acesso, colhe e destrincha informações financeiras e fundamentalistas das empresas com ações listadas na B3 – antiga BOVESPA. Você pode procurar indicadores fundamentalistas digitando o código da ação de determinada empresa, ou mesmo o seu nome público.

Nos detalhes de cada ativo, uma série de informações relevantes é apresentada: o setor de atuação da empresa, a indicação de valor de mercado *versus* o valor da firma, a cotação do dia anterior, o volume médio de negociação da ação nos últimos dois meses, a relação do preço da ação dividido pelo lucro da ação (P/L), o *Dividend Yield*.

Destacamos também o Crescimento da Receita Líquida nos últimos cinco anos, o Retorno sobre o Capital Investido (ROIC), o Retorno sobre o Patrimônio Líquido (ROE) e a relação entre a Dívida Bruta Total e o Patrimônio Líquido, entre outros fatores igualmente importantes, como o Lucro Por Ação (LPA) e o Valor Patrimonial por Ação (VPA).

Na seção "DADOS HISTÓRICOS", podemos verificar a frequência da distribuição de proventos ao longo dos anos. Quanto maior a constância e qualidade dos dividendos e JCP entregues aos acionistas, melhor será a probabilidade de manutenção dos proventos futuros.

Ao clicar em "Busca avançada por empresa" (botão verde no alto da tela, no canto direito), podemos realizar uma combinação de vários filtros com parâmetros mínimos e máximos por indicador, testando a sua rigidez na busca por empresas mais confiáveis.

Por exemplo: podemos limitar o P/L a 20 na segunda linha do referido campo. Usando o critério de Bazin, colocamos o valor "0.06" (6%) como *Dividend Yield* mínimo. Tanto em ROIC como ROE podemos adotar o valor mínimo de 10% (digitando 0.1 nos campos específicos). Se quisermos uma ação com liquidez razoável, podemos digitar "500000" (meio milhão de reais) no campo superior sobre "Liquidez das Ações".

Continuando, podemos limitar a Dívida Bruta sobre o Patrimônio Líquido a 80% (0.8 na segunda linha do referido campo) e uma taxa de crescimento da Receita Líquida dos últimos cinco anos mínima de 5% (0.05). Ao clicar em "BUSCAR", o site vai apresentar uma lista, provavelmente restrita, de ativos.

Numa segunda rodada da pesquisa poderemos refinar a análise, verificando em cada ativo se o valor da firma é menor que o valor de mercado da empresa – respeitando a margem de segurança –, bem como o histórico de proventos.

Busca realizada na plataforma do Fundamentus em 13 de novembro de 2017, conforme os indicadores mínimos e máximos descritos anteriormente.

Talvez, pelos parâmetros que utilizamos aqui, não sobre qualquer ativo para seguir analisando os demais aspectos, como gestão e reputação da empresa nos meios de comunicação. Nesse caso, podemos afrouxar algum critério ou considerar outros fundamentos numa nova pesquisa. Lembre-se de que nosso exemplo não é uma receita fixa: o leitor poderá desenvolver a sua, conforme o grau de sua aversão ao risco.

O resultado da busca em nosso exemplo apontou para empresas de ótimos indicadores fundamentalistas: Unipar, Ferbasa, SLC Agrícola e Multiplus.

Twitter

O Twitter é um ótimo canal para obtenção de informação em tempo real, se o usuário tiver a capacidade de filtrar contatos confiáveis, dentre os milhares de perfis inúteis.

Se você pretender seguir a linha de investimentos através dos dividendos, de nada adiantará estar conectado com aqueles que praticam o *Day Trade*, por exemplo, por causa da improbabilidade de alguém com tal perfil postar algo relevante para quem investe em longo prazo.

Portanto, se você é adepto do *Value Investing* e tem um perfil no Twitter, priorize seguir investidores, analistas e repórteres alinhados com essas práticas. Outra solução é seguir listas criadas por usuários centrados em temas específicos.

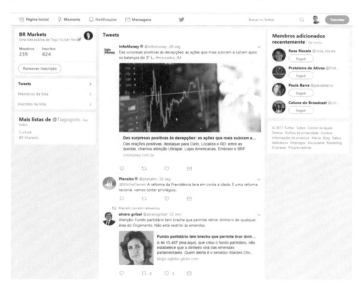

Instantâneo da lista "BR Markets" criada por Tiago Reis no Twitter.

Citamos como exemplo a lista "BR Markets". Ela é gerida pelo coautor deste livro, Tiago Reis. Para seguir a lista, você pode buscar pelo perfil de Tiago Reis no Twitter (@tiagogreis). Acessando a página pessoal dele, você tem acesso às listas que ele segue ou administra, através de uma seção disponível no topo da tela. De quebra, você encontra outra lista interessante: *Dividend Investors*, de Matthew Freeman (em inglês).

Clique sobre as listas de seu interesse e inscreva-se para receber as atualizações de diversos membros focados no mesmo tema.

Repita este procedimento com outros perfis de destaque no Twitter para encontrar listas que possam ser relevantes para sua experiência como investidor em constante aprimoramento. O perfil da revista *Exame*, por exemplo, disponibiliza 13 listas administradas por essa publicação.

Plantão de Empresas da BOVESPA/ B3

Como a BOVESPA está em processo de migração para adotar a marca B3, alertamos que o *link* para o "Plantão Empresas" da Bolsa de Valores de São Paulo pode mudar sem aviso prévio:

www2.bmfbovespa.com.br/Agencia-Noticias/ListarNoticias.aspx?Idioma=pt-br

Índice de comunicados sobre ativos disponíveis na Bolsa de São Paulo.

Basta, no entanto, digitar "plantão de notícias B3" no seu buscador preferido para encontrar facilmente a página que disponibiliza uma série de notícias e comunicados formais relacionados às empresas de capital aberto.

No campo interno de busca, você pode procurar por publicações relacionadas com empresas específicas em períodos predeterminados, como no dia, na última semana, nos últimos 30 dias ou inclusive em datas específicas dos últimos 365 dias.

Uma dica importante: se, ao digitar o termo "TAEE11" das *units* da Taesa, você não encontrar nada, experimente digitar apenas "TAEE", pois o sistema de busca considera apenas o que está escrito no título do documento. Escrever o nome comum da empresa é mais garantido.

Google Alert

Através do *link* www.google.com.br/alerts você tem acesso ao serviço do Google que retorna resultados de uma pesquisa à caixa de e-mail do usuário. Esse é um recurso muito útil para acompanhar notícias diversas relacionadas com empresas, fundos imobiliários e assuntos do mercado de capitais em geral.

Selecione o termo desejado e escolha o período de tempo para receber as informações. Entre as opções do alerta é possível determinar sua frequência (quando disponível, no máximo uma vez por dia ou uma vez por semana), fontes (blogs, vídeos, entre outros), idioma, região e número de resultados disponíveis (todos ou somente os melhores no critério do Google).

Network – rede de relacionamentos

Todo investidor, para ser bem-sucedido, necessita ao menos da parceria com um empreendedor. Um não sobrevive sem o outro e raramente alguém consegue encarnar as duas figuras ao mesmo tempo. Mesmo um empreendedor que tenha capital próprio necessita de ao menos um cliente para obter o lucro necessário para manter o negócio de pé. Ou seja: no mercado financeiro ninguém sobrevive se ficar isolado.

Embora um investidor pessoa física necessite de atributos típicos de um autodidata, isto não significa ele deva ser também autossuficiente, por uma simples razão: ninguém consegue ter olhos para todas as oportunidades do mercado financeiro.

Por isso, é importante construir uma rede de relacionamentos na qual a postura egoísta não tem espaço: para receber a visão de outros investidores sobre determinada ação, você deve ofertar um parecer sobre outro aspecto em contrapartida. Aqueles que apenas captam informações de terceiros e sonegam para estes um pouco do próprio conhecimento acabam segregados.

Como uma pessoa física investidora pode expandir a sua rede de relacionamentos no mercado de capitais? As redes sociais respondem parcialmente a esta questão. Além do Twitter, o Facebook mantém grupos fechados ou abertos que abordam diversos temas. Há inclusive um grupo relativo ao curso da Suno Research sobre dividendos. Basta acessar o link a seguir: www.facebook.com/groups/sunocursodividendos

Os assinantes da Suno Research também dispõem de um fórum interno no qual vários ativos entre ações de empresas e cotas de fundos imobiliários são discutidos: www.sunoresearch.com.br

O site da Suno é responsivo: fácil de navegar em qualquer aparelho conectado.

Em linhas gerais, os investidores são pessoas acessíveis, pois já passaram por estágios iniciais de investimentos e sabem o quanto pode ser difícil aprender sobre certos aspectos do mercado financeiro. Usualmente, o que um investidor aprende com alguém mais experimentado é interpretado como um favor que não pode ser pago de volta, salvo o fato de retransmitir tal conhecimento para o próximo elo dessa corrente de investidores.

É importante manter uma postura centrada e não abusiva diante de alguém mais experiente. Não é porque alguém dá atenção para um novato que este pode tomar mais tempo do que o disponível para uma boa conversa, seja esta presencial ou por meios eletrônicos. Se alguém lhe recomendar a leitura de um livro, não peça um resumo.

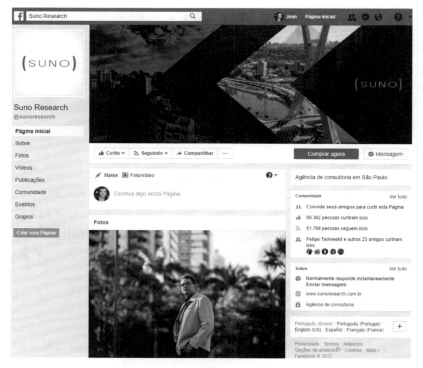

Página da Suno Research no Facebook.

Livros recomendados

A literatura em português sobre o mercado financeiro em geral é escassa, mas quando o assunto é dividendos, a lacuna é maior ainda – embora um dos objetivos deste livro seja preenchê-la em parte. Como os livros são excelentes fontes de informação em qualquer área, é importante que o investidor de longo prazo saiba ler em inglês, pois este idioma é o que mais oferece boas opções de leitura.

High returns from low risk
(Altos retornos a partir de baixo risco),
de Pim van Vliet

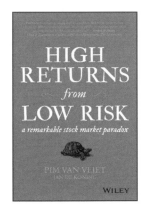

Neste livro o autor discorre sobre como empresas que historicamente têm menor risco curiosamente apresentam melhores retornos – um paradoxo memorável do mercado de ações. Aproveite para seguir Pim van Vliet, gerente de fundo de investimentos, no Twitter: @paradoxinvestor

The little book of big dividends
(O pequeno livro dos grandes dividendos),
de Charles B. Carlson

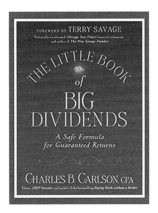

Leitura básica para quem deseja entender a abordagem de investimentos com estratégia de dividendos. O autor Charles B. Carlson é o CEO da Horizon Publishing e da Horizon Investment Services, e explica como escolher boas ações de forma segura. Saiba mais no site: www.bigsafedividends.com

The ultimate dividend playbook
(O melhor livro prático sobre dividendos),
de Josh Peters

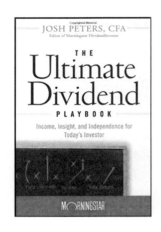

O editor da Morning Star – casa independente norte-americana de pesquisa sobre finanças – ensina os leitores sobre investimentos de longo prazo com foco em dividendos. Acessando o site www.morningstar.com, o investidor brasileiro terá uma noção de como o mercado de capitais dos Estados Unidos é bem mais sofisticado.

Investment fables
(Fábulas sobre investimentos),
de Aswath Damodaran

Nesta exposição de mitos das estratégias de investimentos tidas como infalíveis, o autor as interpreta, inclusive a que explora os dividendos, analisando suas performances ao longo do tempo. Além disso, Damodaran explica como evitar os principais riscos de cada abordagem. Siga no Twitter: @AswathDamodaran

Faça fortuna com ações – antes que seja tarde
de Décio Bazin

Embora o método de Décio Bazin tenha sido explanado no quinto capítulo deste livro, a recomendação de leitura de sua obra permanece intocável, dado que detalha a sua estratégia de investimentos aplicada

à realidade brasileira, que ainda oferece boas oportunidades devido à grande volatilidade típica de países emergentes.

Relações com Investidores – RI

Sempre que um investidor se interessa por algum ativo, ele deseja saber tudo relacionado ao tema. É como paquerar alguém para, quem sabe, iniciar um namoro que pode, ou não, resultar em casamento.

Em momentos como esses, a timidez deve ser deixada de lado. Ao menos no caso dos investimentos financeiros, não há risco de "levar um fora", pois as empresas mais amigáveis para os acionistas minoritários possuem, em seus sites institucionais, seções exclusivas para difusão de informações para investidores. Em muitos casos, tal seção é conhecida como "RI" – de Relações com Investidores.

Uma boa página de RI deve facilitar o acesso para a apresentação de notícias e fatos relevantes, como divulgação de calendário para pagamentos de dividendos e JCP, a cotação atualizada da ação, área de cadastro para recebimento de correspondência eletrônica, arquivo contendo dados históricos financeiros e documentos em linha com a CVM – Comissão de Valores Mobiliários.

Algumas empresas disponibilizam, ainda, linhas telefônicas e e-mail para atendimento de investidores e potenciais investidores da empresa, além de jornalistas especializados. Em alguns casos, até os nomes dos diretores de RI são informados publicamente.

A seção de RI pode ser usada também pelas empresas para apresentações de planos de expansão e novos projetos para empreendimentos. O investidor, independente de seu porte e de sua experiência, costuma ser bem tratado quando entra em contato com o setor de RI das empresas de capital aberto.

Dividir para multiplicar

Este livro não poderia ser encerrado sem lembrar a velha máxima *"dividir para multiplicar"*, pois ela se aplica muito bem aos investimentos financeiros com foco em dividendos.

Por causa dos juros compostos, os dividendos acabam multiplicando o patrimônio daqueles que permanecem fiéis à estratégia de reaplicar os proventos na aquisição de mais ativos geradores de renda passiva.

Por outro lado, aqueles que dividem seus conhecimentos com os outros estão na verdade multiplicando-os, ao propagar conteúdos relevantes. Portanto, se a leitura deste livro lhe foi útil, faça a sua parte, recomendando-o para outros investidores.

De antemão lhe somos gratos.

GLOSSÁRIO

Ação ordinária (ON): ação que permite ao acionista participar das assembleias das empresas com capital aberto.

Ação preferencial (PN): ação sem direito a voto por parte do acionista, que, no entanto, tem a garantia de receber os dividendos estatutários.

Análise fundamentalista: método adotado por investidores que interpretam os fundamentos das empresas através de indicadores colhidos em documentos contábeis exigidos pelo mercado de capitais.

Análise gráfica: método para analisar o comportamento das ações no mercado tentando antecipar tendências através de movimentos identificados em gráficos que expressam a evolução das cotações.

Análise técnica: vide "Análise gráfica".

Ativos: todos os bens pertencentes a uma empresa, incluindo aplicações financeiras, imóveis, máquinas e equipamentos, veículos, participações em outras empresas e reservas de valor.

Balanço patrimonial: documento contábil que aponta tanto os bens como as dívidas de uma empresa, compreendidos como seus ativos e passivos.

BDR: sigla em inglês para *Brazilian Depositary Receipts*. São classes de valores mobiliários negociados no mercado brasileiro com lastros oriundos de ações estrangeiras. Investir em BDRs é uma forma de diversificar investimentos sem abrir contas em outros países.

Blue-chips: expressão oriunda dos cassinos, onde as fichas azuis possuem maior valor. Nas Bolsas, equivalem às ações com maior volume de transações.

Bonificação: evento no qual as empresas distribuem novas ações sem custo para os acionistas, conforme as quantidades de ações que eles já possuem.

Capital: recurso financeiro expresso em moeda corrente. Empresas de capital aberto permitem que o público compre ações através do mercado de capital. O capital de giro equivale ao dinheiro que a empresa coloca em movimento.

Circuit-breaker: mecanismo automatizado que interrompe os negócios nas Bolsas de Valores sempre que os índices de referência sobem ou descem abruptamente em níveis elevados (por exemplo, 10%).

Cotação: preço da ação determinado pelas forças do mercado.

Crash: situação de desvalorização geral e acentuada das ações, responsável pela quebra de vários agentes especuladores ou investidores.

Day-trade: operação especulativa de compra e venda de ativo listado na Bolsa realizada na mesma data.

Debênture: título emitido por empresas para captar recursos no mercado de capitais, com prazos e créditos determinados, sem que os seus detentores se configurem como sócios delas.

Desdobramento: vide "Bonificação".

Dívida Bruta / Patrimônio Líquido: indicador fundamentalista que expressa o grau de alavancagem de uma empresa para fazer o giro de capital.

Dividend Yield: indicador fundamentalista que representa em porcentagem a remuneração da ação dividida pela sua cotação, no prazo de 365 dias anteriores à cotação da ação. Por exemplo: no último ano a empresa distribuiu, entre dividendos e JCP, R$ 0,10 por ação. Se a ação está cotada em R$ 1,00, o *dividend yield* equivale a 10%.

Dividendo: parte dos lucros auferidos pelas empresas que será repartida com seus acionistas proporcionalmente à quantidade de ações que possuem.

DRE: sigla para "Demonstração do Resultado do Exercício", documento que informa, em relação a determinado período, se uma companhia obteve lucro ou prejuízo.

EBITDA: sigla em inglês para *Earnings Before Interest, Taxes, Depreciation and Amortization*, que, na sua tradução literal, significa lucro antes dos juros, impostos, depreciação e amortização. Tal indicador fundamentalista também pode ser chamada de LAJIDA.

Fluxo de caixa: valor financeiro líquido de capital e seus equivalentes monetários que são transacionados – entrada e saída – por um negócio em um determinado período de tempo.

Futuro: tipo de negociação com prazos e condições pré-determinadas, visando à garantia de preços mínimos e protegidos da volatilidade do mercado.

Hedge: operação financeira que busca a mitigação de riscos relacionados com as variações excessivas de preços dos ativos disponíveis no mercado.

JCP (JSCP): sigla para Juros Sobre Capital Próprio – uma forma alternativa aos dividendos para as empresas remunerarem seus acionistas, com retenção de impostos na fonte, reduzindo a carga tributária das empresas de forma legal.

Joint-venture: aliança entre empresas com vistas a empreendimentos ou projetos específicos de grande porte.

Liquidez corrente: indicador fundamentalista que expressa a relação entre o ativo circulante e o passivo circulante, demonstrando a capacidade da empresa de honrar compromissos no curto prazo.

Lote: no mercado financeiro o lote equivale a 100 ações como quantidade mínima ideal para compra e venda na Bolsa. Quando um lote é quebrado, as ações são negociadas no mercado fracionário, caso em que algumas corretoras de valores cobram taxas diferenciadas.

LPA: indicador fundamentalista que expressa o lucro por ação.

Margem bruta: indicador fundamentalista que expressa o lucro bruto dividido pela receita líquida.

Margem líquida: indicador fundamentalista que expressa a relação entre o lucro líquido e a receita líquida.

Minoritários: investidores que adquirem ações em quantidades relativamente baixas, que os impedem de participar da gestão das empresas.

Opção (OPC ou OTC): tipo de negociação que garante direito futuro de opção de compra ou de venda com preço pré-determinado.

Ordem: determinação de compra ou venda de ativo no mercado de capitais, que o aplicador comunica à sua corretora de valores para execução.

Papel: equivalente a ação (termo que fazia mais sentido quando as ações eram impressas e entregues ao portador).

Passivos: componentes contábeis das empresas, que representam seus compromissos, obrigações, dívidas e despesas circulantes e não circulantes, como salários de funcionários, empréstimos, tributos, dívidas com fornecedores.

P/Ativos: indicador fundamentalista que expressa a relação entre o preço da ação e os ativos totais por ação.

Patrimônio líquido: valor financeiro resultante da diferença entre os ativos e os passivos de uma empresa.

P/Capital de Giro: indicador fundamentalista que expressa a relação entre o preço da ação e o capital de giro por ação, que por sua vez significa a diferença entre o ativo circulante e o passivo circulante da empresa.

PL (P/L): indicador fundamentalista para a relação entre Preço e Lucro, representando a cotação da ação no mercado dividida pelo seu lucro por ação.

Posição: situação do acionista em determinada empresa ou fundo imobiliário. Quando um investidor zera a sua posição numa empresa, significa que ele vendeu todas as suas ações ou cotas.

Pregão: período de negociações na Bolsa de Valores com negócios realizados eletronicamente. Antigamente os pregões eram presenciais.

PSR: indicador fundamentalista cuja sigla em inglês indica *Price Sales Ratio* e equivale ao preço da ação dividido pela receita líquida por ação.

P/VP: indicador fundamentalista da relação entre o preço da ação dividido pelo valor patrimonial da ação. Trata-se do indicativo mais claro da existência, ou não, da Margem de Segurança, pois compara diretamente o valor de mercado de uma empresa com o seu valor intrínseco, atrelado ao seu patrimônio líquido.

Realizar lucros: venda de ações para converter as valorizações em capital disponível para outros fins.

Resistência: valor historicamente mais alto ou mais baixo atingido pela cotação de determinada ação.

ROE: sigla em inglês para *Return On Equity*. Também é conhecido no Brasil como RPL, ou seja, Retorno sobre o Patrimônio Líquido. Essa métrica indica o quanto uma empresa é rentável ao relacionar o lucro líquido dividido pelo seu patrimônio líquido.

ROIC: sigla em inglês para *Return On Invested Capital*, que em português significa Retorno Sobre o Capital Investido, ou seja, o capital próprio da empresa somado ao capital de terceiros.

SA (S/A): sigla para Sociedade Anônima, comum nas razões sociais das empresas de capital aberto.

***Small caps*:** empresas de porte menor, se comparadas com as *blue chips*, com baixo volume diário de negociações e pouca liquidez no mercado.

***Stop loss*:** ordem de venda automatizada de uma ação, pré-determinada pelo aplicador junto à corretora de valores, para evitar perdas com quedas excessivas das cotações.

Stop gain: ordem de venda automatizada de uma ação, pré-determinada pelo aplicador junto à corretora de valores, para realizar lucros.

Subscrição: situação que ocorre quando as empresas oferecem novas ações preferencialmente para seus acionistas.

Tag along: mecanismo de proteção concedido aos acionistas minoritários por um empreendimento que possui suas ações negociadas na Bolsa de Valores, caso ocorra um processo de venda do controle para terceiros, por parte dos acionistas majoritários.

Termo: tipo de negócio realizado com pagamento a prazo.

Ticker: código pelo qual os ativos são negociados em Bolsas de Valores. Por exemplo, TIET3 é o código da ação ordinária da Geradora Tietê. TIET4 é o código da ação preferencial da mesma empresa e TIET11 é o código das suas *units*. Já o BDR do Google usa o código GOOG35.

Underwrite: ato do investidor de subscrever ações ofertadas pelas empresas.

Units: ativos compostos por mais de uma classe de valores mobiliários, como, por exemplo, um conjunto de ações ordinárias e preferenciais.

VPA: indicador fundamentalista que expressa o valor patrimonial por ação, ou seja: o valor do patrimônio líquido dividido pelo número total de ações.

Todas as informações, imagens e os dados estatísticos publicados neste livro têm como fonte o arquivo da Suno Research, formado a partir da coleta de dados entre seus colaboradores, instantâneos da mídia eletrônica e consultas aos sites Fundamentus e Economatica.

Envie seus comentários construtivos:
contato@sunoresearch.com.br

Projeto Guia Suno: Tiago Reis
Editor: Fabio Humberg
Foto da capa: Jean Tosetto
Diagramação: Alejandro Uribe
Revisão: Humberto Grenes

Dados Internacionais de Catalogação na Publicação (CIP)
(Câmara Brasileira do Livro, SP, Brasil)

Reis, Tiago
    Guia Suno dividendos : a estratégia para investir
na geração de renda passiva / Tiago Reis & Jean
Tosetto. -- São Paulo : Editora CLA Cultural, 2018.

    ISBN 978-85-85454-90-6

    1. Ações (Finanças) 2. Fundos de investimentos
3. Investimentos 4. Mercado de ações 5. Mercado
financeiro I. Tosetto, Jean II. Título.

18-19354   CDD-332.6

Índices para catálogo sistemático:

1. Mercado financeiro : Investimentos : Economia
    financeira   332.6

(Maria Alice Ferreira Bibliotecária – CRB-8/7964)

Grafia atualizada segundo o Acordo Ortográfico da Língua Portuguesa de 1990, que
entrou em vigor no Brasil em 1º de janeiro de 2009.

Editora CL-A Cultural Ltda.
Tel.: (11) 3766-9015 | Whatsapp: (11) 96922-1083
editoracla@editoracla.com.br | www.editoracla.com.br
linkedin.com/company/editora-cl-a/

Impresso no Brasil – 2021 – 1ª edição – 3ª reimpressão